サウナ語辞典

サウナにまつわる言葉をイラストと豆知識で
「ととのった～!」と読み解く

文 草彅洋平＋AMAMI

絵 浜竹睦子

誠文堂新光社

はじめに

サウナ業界には、「サウナを最初から好きな人は誰もいない」という格言めいた言葉がある。これはまさにその通りで、はじめは僕もサウナが大嫌いな一人だった。熱いだけで何が気持ち良いのかわからない。水風呂は冷たすぎて無理！ 体育会系と呼ばれるような、肉体的に強度のある人だけがサウナに入れるのだ、とばかり信じ込んでいたのである。

そんな僕がサウナを知ったのは、2017年8月、東京都・渋谷区〈天空のアジト マルシンスパ〉でのこと。3セットした翌日、高熱にうなされ、やはり脆弱な自分にはサウナが合わないと確信したにも関わらず、ケロッと治った次の日からはやたらとサウナに行きたいと思うようになっていた。本質的なサウナの面白さに気づいたのだ。

それからサウナ熱に取り憑かれ、いつしか年400〜500施設に通う夢中の日々に。やがて1日10セット入っても耐えられる体へと進化し、どうやって日本にサウナが広まったのかを歴史的に解明した『日本サウナ史』まで執筆、出版するまでになった。誠に人生とはおかしなもので、わずか数年で大のサウナ嫌いがサウナ好きへ転向。「2023年にサウナの辞典を出すよ」と10年前の自分に会って話したら、おそらく鼻で笑われるに違いない。

『日本サウナ史』を執筆している時に、膨大なサウナ情報を研究するのは一人では無理だろうと挫折した。また、サウナを学問として勉強する必要があると確信し、CULTURE SAUNA TEAM "AMAMI"を作った。

僕が主宰するオンラインサロンみたいなもので、「サ学」のコミュニティを作ろうと思い至ったのである。現在、施設経営者からサウナ好きのサラリーマンまで50名ほどが在籍してくれているが、定期的に一緒にサウナへ行ったり、新しく訪問したサウナについて報告し合ったりする、僕の心の支えだ。

今回、誠文堂新光社の担当編集者・松下大樹くんから『サウナ語辞典』編纂の依頼をもらった時、まっさきにCULTURE SAUNA TEAM "AMAMI"のメンバーに相談しようと思った。そう、もしかしたら"AMAMI"はこの本のために作った組織なのかもしれない。結果、参加してくれた僕よりもはるかにサウナについて詳しいメンバーたちが平素の多忙な時間を割いて、本書の執筆に注力してくれた。心からお礼を申し上げたい。とんでもない量の素敵なイラストを描いてくれた浜竹睦子さんにも感謝。浜竹さんは心からサウナが好きだから、楽しい絵がポンポン上がってくるのが見ていてとても気持ち良かった。デザイナーの吉良伊都子さんにも大感謝。僕と吉良さんは長いこと一緒にお仕事しているので、抜群の安定感にいつも助けられます。最後に、担当編集者の松下くんにお礼を。

この本は、2023年時点のサウナを知るのにとても役立つだろう。これからもサウナブームは続いていくだろう。言葉は増えていく。僕らは注意深く、サウナにまつわる言葉を眺めていきたい。

草彅洋平(サウナ研究家)

この本の楽しみ方

①見出し語

サウナにまつわる言葉の中から、サウナをより深く楽しむための、サウナー同士の会話のネタになる語を厳選しました。【 】には漢字、〔 〕には外国語を表記しています。

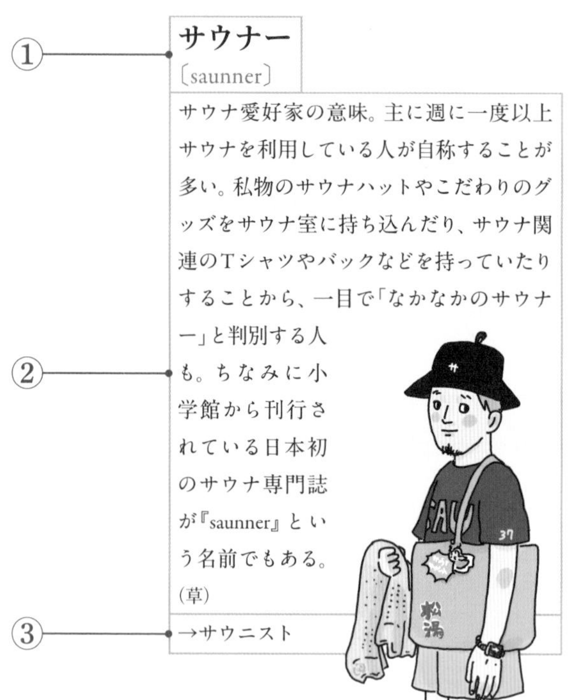

①
②
③

サウナー
〔saunner〕

サウナ愛好家の意味。主に週に一度以上サウナを利用している人が自称することが多い。私物のサウナハットやこだわりのグッズをサウナ室に持ち込んだり、サウナ関連のTシャツやバックなどを持っていたりすることから、一目で「なかなかのサウナー」と判別する人も。ちなみに小学館から刊行されている日本初のサウナ専門誌が『saunner』という名前でもある。
(草)

→サウニスト

②語釈

見出し語の意味や解説、豆知識が盛り込まれています。やさしいイラストが理解を助けます。

③関連語

別のページで取り上げていて、関連のある語を示しました。知識をより深めるために役立ちます。

※本書のデータは、2023年7月現在の情報を元に作成しています。その後に変更が行われたり、生産終了した商品あるいは廃業した施設などが含まれたりする場合もございますので、何卒ご了承ください。

うぶゆ

【産湯】

サウナに開眼した最初の入浴施設のこと。はじめてサウナで「ととのう」体験をした場所。用例「俺の産湯は〈湯乃泉 草加健康センター〉だぜ」「私の産湯は〈アダムアンドイブ〉だったわ」(草)

④

セルフロウリュ

〔self-löyly〕

客自身がサウナストーンに水をかけ、ロウリュをすること。自動的に水が噴射される「オートロウリュ」や、施設スタッフが行うロウリュと区別するために使われる。東京都・渋谷区〈天空のアジト マルシンスパ〉や千代田区〈SaunaLab Kanda〉、北海道・空知郡上富良野町〈吹上温泉保養センター白銀荘〉、大阪府〈天然温泉 延羽の湯〉(本店 羽曳野、鶴橋) などのサウナで可能。自らラドル(柄杓)に水を汲み、ストーンの上から静かに注いだときに聞こえる「ジュワアアアア……」という音。ほどなくして降り注ぐ蒸気。ああ、サウナが好きだ、最高のひと時だ、と実感する瞬間である。ただし、マナーとして他に人がいる場合は、水をかける前に「ロウリュいいですか?」の声かけを忘れずに。また、水をかけ過ぎるとストーンが冷めてしまってストーブの故障にも繋がるため、適度な量と間隔を心がけよう。(お)

→ラドル、ロウリュ

④用例

何気ない会話の中での使用例を記載しています。

⑤

⑤施設名

見出し語を象徴する施設を紹介しています。巻末の「施設名索引」もご活用ください。

⑥署名

執筆者の名前を( )で入れています。巻末の「プロフィール」もご覧ください。

⑥

サウナ語辞典
もくじ

サウナの基礎知識

サウナの用語

【あ行】

【か行】

【さ行】

【た行】

【な行】

【は行】

【ま行】

【や行】

【ら行】

【わ行】

サウナの
基礎知識

サウナの基礎知識

1

これがサウナだ！

フィンランド発祥のサウナ。だが、日本では独自に超進化を遂げてしまった。
日本の一般的なセルフロウリュサウナをイラストに起こし、それぞれの名称を紹介する。

サウナの基礎知識 2

サウナの入り方

利用者同士で、お互いに心地よい入り方を心がけましょう。
1～7の工程を「1セット」と呼びます。

水分、塩分を補給する。

POINT

└アルコールを飲んでいたら入らない。
└食前がベスト。

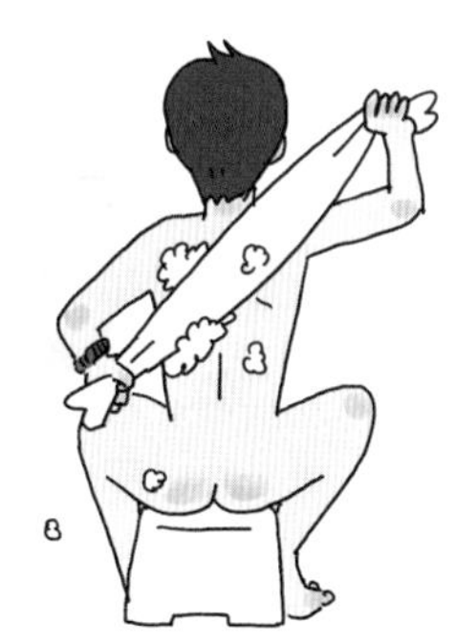

頭と体をよく洗う。
サウナ前、または合間に
アカスリを挟むのもオススメ。

体の水気をしっかり拭く。
必要な人はサウナハットを被る（なければタオルを頭に巻く）。
サウナマットがあれば受け取って、すみやかに入室。

POINT

└メガネやアクセサリー類を身につけている場合、
事前に取っておく（火傷のおそれあり）。
└金属製のロッカーキーは手首に巻かず、握りしめておくと熱くならない。
└氷のサービスがある施設では、
氷を口の中に入れたり、手に握ったりして入ると良い。

サウナに入る時間は「何分」と基準を設けず、
無理せず自分で判断する。
手や足の甲など、体の末端部に汗が
噴き出てくるのを目安とするのも良し。

POINT

└サウナ室を出る時、こぼした汗をタオルで拭き取る。
└ちなみに、体の汗をタオルで拭くのはドイツ式。

体の水気を拭いてから、外気浴スペースで休む。水気があると体温を奪われるため、特に冬場は念入りに体を拭く。外気浴用のバスタオルを1枚用意しておくと快適。

→再び①へ戻り、3セットほど繰り返す

水風呂へ静かに入水。主に後頭部付近を冷やす。頭まで浸けて良い施設であれば頭まで。入水時間は30秒以上が目安とされることが多いが、水温やその日の体調と相談しながら、無理せず楽しむ。

POINT

└水風呂が苦手な人は、手のひらや足のつま先を水面から出すと冷たさを感じにくくなる（ラッコのポーズ）。

かけ水（湯）で汗を流す。冷たい水をかけるか、熱いお湯をかけるかは好みの問題。筆者はお湯派。

POINT

└桶を使ってかけ水をする際には、周りに水を飛ばさないように注意する。

サウナの基礎知識 3

世界サウナ図鑑

蒸気浴（蒸し風呂）の文化は世界各国にあります。ここでは、その一部をご紹介。

サウナ → 072

フィンランド

フィンランド発祥の世界共通語。熱したサウナストーンに水をかけ（ロウリュ）、蒸気を発生させて体感温度を上げるのが特徴。ロウリュは必ず人の手で行う（セルフロウリュ）。温度計や砂時計、テレビは設置されていない。水風呂は存在せず、そばに湖や海があれば利用するが、なければシャワーで済ませる。

バーニャ → 147

ロシア

フィンランド式サウナに似ている点も多いが、バーニャには必ず寝台がある。寝台に寝転び、木の枝葉を束ねたヴェーニクを使って身体を叩いたり押し当てたりするウィスキングがメイン。頭上に設置されたポーチカ（ガッシングシャワー）に溜まった水を被って汗を流す。ハチミツ入りの紅茶やウォッカを合間に飲み、またバーニャに戻る。

ピルツ → 155

ラトビア

ストーブで暖められた室内で、植物やハチミツなどをふんだんに使ったマッサージ（ウィスキング）が行われる。「フラワーサウナ」とも。その施術者は「ピルツマイスター」と呼ばれ、ラトビア政府によって認められる国家資格である。ピルツを学ぶスクールも存在する。民間療法であるとともに、心と体を浄化する神聖な儀式である。

ハマム → 152

トルコ

中東に古くから伝わる公衆浴場。アラビア語で「ハンマーム」とも。西欧では「ハマーム」「ターキッシュバス」と呼ばれる。低温の蒸し風呂で、大理石の上で汗をかき、中央に据えられた台に横たわって体を洗ってもらったり、マッサージされたりするのが特徴。日本では「トルコ風呂」として独自の歴史を辿った。

汗蒸幕（はんじゅんまく） → 153

 韓国

ドーム型に作られた部屋を高温に熱し、その中で体を温めて汗を流す（汗蒸（はんじん））。一般的に、ドームは黄土と薬石を積んで造られている。室温は90～150℃程度と高く、短時間で一気に発汗を促す。髪や肌を守るために、麻布を頭から被って入室することも。韓国のスーパー銭湯であるチムジルバンの中に設置されていることも多い。

テマスカル → 126

 メキシコ

ナワトル語の“temaz”（蒸気）、“calli”（家）に由来。石窯のような小屋に入り、室内に置かれた焼き石に煮出した薬草水をかけ、蒸気浴を行うことで心身を清める。メキシコ南部・オアハカ州などで体験でき、お祈りや歌を伴う儀式性の高いものや、デトックスやリラックスを目的とした現代的なものまで様々。

ほかにも……

サウン（エストニア）、バストゥ（ノルウェー）、
スウェット・ロッジ（アメリカ）、桑拿（さんなー）（中国）など

“サウナ”？

日本

フィンランドのサウナから影響を受けたものの、独自に進化を遂げガラパゴス化したサウナ。高温で、カラカラに乾いた室内。そこにテレビが設置され、相撲や野球が流れているのが昭和サウナのイメージだった。それが近年、世界でも類を見ないクリエイティブなサウナが続々登場し、海外のサウナーから注目されている。銭湯文化と融合し、新たな「日本式」サウナに磨きをかけている。

サウナの基礎知識 4

サウナの種類

ひと口に「サウナ」といっても、いろんなサウナがあります。

フィンランド式サウナ → 157

公衆サウナ → 065

ケロサウナ → 063

スモークサウナ → 108

バレルサウナ → 153

ダグアウトサウナ → 118

ドライサウナ → 133

サウナ船 → 078

テントサウナ → 127

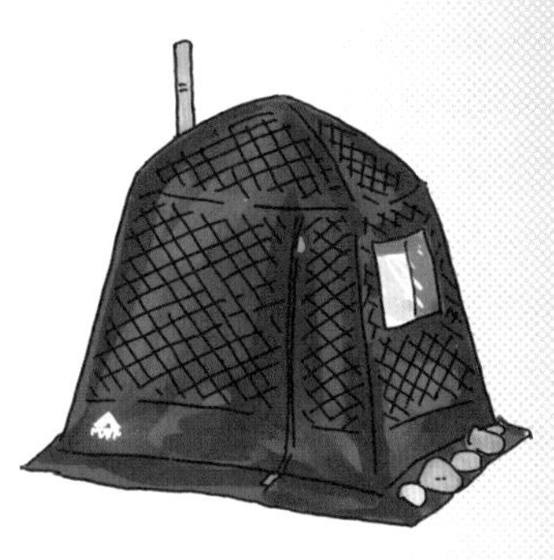

遠赤外線サウナ → 043

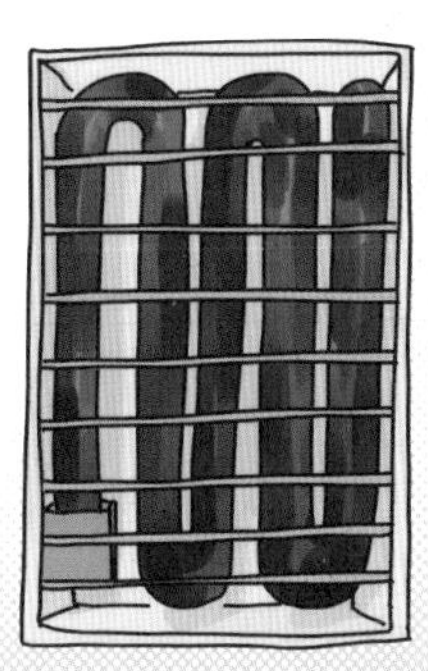

ボナサウナ → 163

薬草サウナ → 174

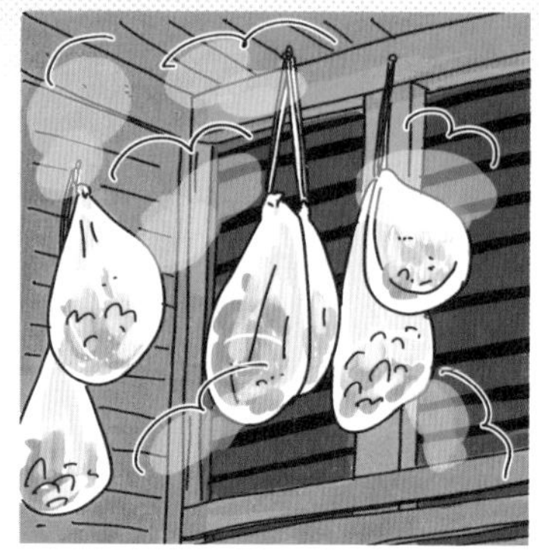

スチームサウナ → 106
ミストサウナ → 167

塩サウナ → 091

サウンドサウナ → 087

野球場サウナ → 174

コワーキングサウナ → 070

銭湯サウナ → 115

スタジアムサウナ → 106

ラグジュアリーサウナ → 177

個室サウナ → 069

自宅サウナ → 091

サウナの基礎知識
5

厳選！全国水風呂マップ

サウナーにとって、ライフラインである水風呂。
日本には、たくさんの「名泉」があります。

白山湯 高辻店（京都）
地下水を使っているところがほとんどの京都の銭湯の中でも、ここは掛け流しの水質、水量が特に素晴らしい。肌触りもまろやか。

御船山楽園ホテル らかんの湯（佐賀）
1300年の歴史ある名湯・武雄温泉。そんな温泉水をわざわざチラーで16℃に冷やして作り上げた水風呂は、贅沢の極み。

神戸クアハウス（兵庫）
長年、船乗りたちが愛用した「神戸ウォーター布引の水」はシルクのような肌触り。館内では水風呂やシャワーなどの浴場はもちろんのこと、レストランの調理用水、さらにはお手洗いの水にまで使われている。

畑冷泉館（福岡）
樹齢800年を超える大楠の根元から、1日約1,000トンにも及ぶ清水が沸いている。水温約15℃の冷泉浴を楽しめるのは毎年夏の時期だけ！7月中旬～8月にオープン。

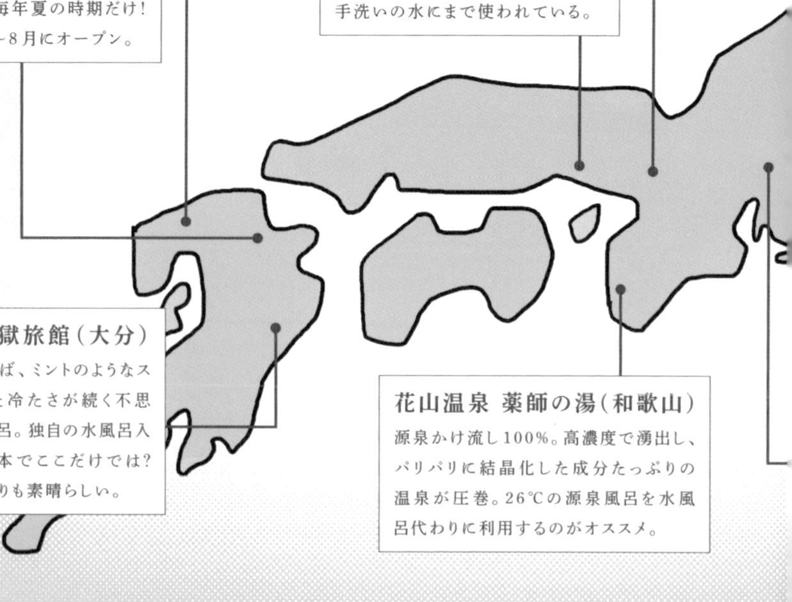

寒の地獄旅館（大分）
一度入れば、ミントのようなスゥーとした冷たさが続く不思議な水風呂。独自の水風呂入浴法も日本でここだけでは？硫黄の香りも素晴らしい。

花山温泉 薬師の湯（和歌山）
源泉かけ流し100%。高濃度で湧出し、パリパリに結晶化した成分たっぷりの温泉が圧巻。26℃の源泉風呂を水風呂代わりに利用するのがオススメ。

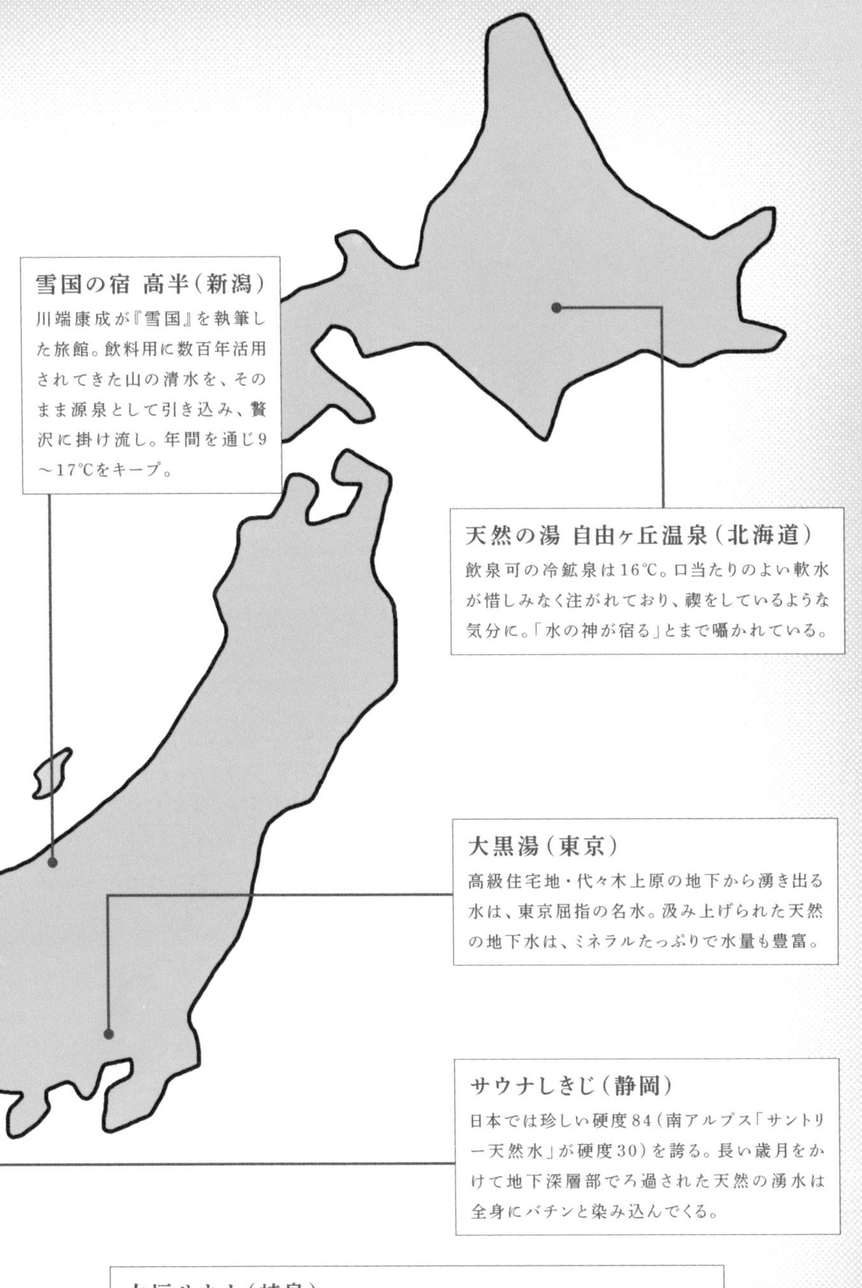
雪国の宿 高半（新潟）
川端康成が『雪国』を執筆した旅館。飲料用に数百年活用されてきた山の清水を、そのまま源泉として引き込み、贅沢に掛け流し。年間を通じ9～17℃をキープ。
天然の湯 自由ヶ丘温泉（北海道）
飲泉可の冷鉱泉は16℃。口当たりのよい軟水が惜しみなく注がれており、禊をしているような気分に。「水の神が宿る」とまで囁かれている。
大黒湯（東京）
高級住宅地・代々木上原の地下から湧き出る水は、東京屈指の名水。汲み上げられた天然の地下水は、ミネラルたっぷりで水量も豊富。
サウナしきじ（静岡）
日本では珍しい硬度84（南アルプス「サントリー天然水」が硬度30）を誇る。長い歳月をかけて地下深層部でろ過された天然の湧水は全身にバチンと染み込んでくる。
大垣サウナ（岐阜）
かつて「水の都」とも呼ばれた岐阜県大垣市。その名水を存分に味わうことができる。水風呂と同じ水で炊いたご飯や味噌汁は、絶対食べて帰るべし。

サウナの基礎知識 6

アウフグース技名鑑

ヘリコプター

ロウリュして上にあがった蒸気をサウナ室全体に広げる。タオルを面の状態にしたまま、蒸気を回し広げていくイメージ。

パラシュート

ヘリコプターであがった蒸気を下におろす。頭上あたりでタオルを広げる時にインパクトが加わるよう、緩急をつけて行う。

フラッグ

パラシュートでおろした蒸気を横に広げる。左右に大きく旗を振るイメージ。同じ方向に風を送る「ループフラッグ」もある。

ピザ

蒸気を上下にかき混ぜる。優雅に8の字を描くイメージ。上にフワッと持ち上げたタオルを水平にキープするのがポイント。

サウナ好きであれば、一度は浴びてみたいアウフグース（熱波）の数々。
「日本一予約が取れない熱波師」鮭山未菜美さんに解説いただきました。

エンジェル

天使の羽のように「∞」を描くイメージ。力強く振りおろすのではなく、ゆったりと美しく行う。技同士のつなぎとして使われることも。

スーパーエイト

体の前後左右で、一枚の板を回すイメージ。ショー要素が大きく攪拌能力は低いので、技と技のつなぎで使用する。「エイト」とも。

ホイール

体の前で、タイヤのように回す。右手から左手、片手から両手などタオルを持ち替える際に使用すると、技のつなぎがスムーズになる。

カーテン

カーテンを開くようにゆったりと、面全体で蒸気を押し出すイメージ。優雅な曲調に合わせて、ショーでも重宝される。

サウナの基礎知識 7

ウィスキング教えて

知られざるウィスキングの世界。各国のウィスキング文化を体験し、日本初のウィスキングスクールを開講するネバーニャさんに伺いました。

—そもそも、ウィスキングとは何ですか？

簡単に言うと、サウナ室で白樺やオークなどの植物の枝葉を束ねた「ウィスク」を使いながら、ロウリュによって発生した蒸気で体を温めたり、叩いたりマッサージしたりすることです。途中で水を浴びたり、お茶を飲んだりすることもあります。

—どこの国の文化なのでしょうか？

バルト三国（エストニア・ラトビア・リトアニア）やロシア、フィンランドあたりで盛んです。そういった蒸気浴文化は、エストニアでは「サウン」、ラトビアでは「ピルツ」、リトアニアでは「ピルティス」、ロシアでは「バーニャ」と呼ばれています。英語の「ウィスキング」は、各国の交流の中で生まれた新しい言葉だといえます。僕が最初に出会ったのは、ロシアのプライベートバーニャです。

—バーニャのウィスキングは、バシバシ系だと聞いたことあります。

都市部にある、ググって出てくる観光客が行きやすいような公衆バーニャだと、回転率を上げるためなのかアツアツなんですよ。そういうところでは、ウィスキングも短時間で力強い傾向にあります。モスクワなどのロシアの都市部にある公衆バーニャはもちろん、ニューヨークやロンドンにあるような「ロシアンバーニャ」もこれに近いです。ロシア国内でも貸切施設やプライベートサウナでは、マイルドでじっくり系のウィスキングが楽しまれています。一方で、プライベートサウナでも激しめのウィスキングをする人はいますし、それはバルト三国でも同じです。

—どのくらい時間を過ごすのでしょうか？

手ごろで熱めな20〜30分のショートなのもあれば、3〜4時間かかるフルなものもあります。ラトビアでは、ウィスキングではなく「ピルツリチュアル」という言葉を使っているように、まさに儀式的な意味合いを持ったものもあります。

—ある意味、とてもプライベートな行為なんですね。

英語で“intimate”（「親密な」の意）といったりしますが、ウィスキングは体と体が触れ合い、お互いの全身で何かを感じ取る、とても繊細で究極的な接客業です。そもそも現地では、自宅サウナを持つ人が最高のセッティングを整えて、家族や友人に癒しを提供するために、スクールでウィスキングを学んだりするわけです。

—ネバーニャさんにとって、ベストなセッティングはあるのでしょうか？

サウナ室や気候によっても異なりますが、温度は55〜75℃、湿度は30〜60%くらいが理想です。温度が80℃以上になると必然的に湿度は下がりますし、ウィスクもすぐにカラカラになってしまいます。人間も感覚が鈍くなるのか、蒸気とか植物の香りを感じ取りづらくなって、ただもう「熱い！」しかなくなってしまうので……。ゆっくり施術するには、このくらいのセッティングが必要です。

—いま「施術」と仰いましたが、やはり「ウィスキング＝施術」というイメージですか？

日本語だと、よくそういわれますね。あとは「セッション」とも呼ばれます。人と人とが向き合って、同じ時間と空間を作り出す行為でもあるので……。

—なんだかしっくりきます。そのセッションの流れを、簡単に紹介いただけますか？

最初にお茶を飲みながら、お客さんのその日の体調、普段のサウナ習慣、セッションに何に期待しているかを聞いたり、全体の流れや注意事項を説明します。そして、サウナ室のベンチで横になって蒸気を浴びてもらいます。ウィスクが体に少し触れるくらいのソフトタッチだったのが、だんだん強くなっていき……途中で塩などを使った「スクラブ」やハチミツを用いたマッサージをしたり、ドアを開けて換気したり、水を浴びてもらったり。終わったら、全身を布で包む「おくるみ」をして。受ける側のコンディションにもよりますし、施設や教える人によっても異なるので、実際に体験してもらうのがベストです。

—移り変わりがあるわけですね。

まさにそうです。リトアニアで教わって「良い表現だな」と思ったのが、季節のたとえです。最初は、体が冷えているので冬。徐々に体を温め、春は植物の香りを感じてもらいながらリズミカルに触れて、夏は力強く叩いたり、深くもみ込んだり。暑い夏が終わって、全身をさすったりマッサージしたりして、だんだん落ち着いていくのが秋。この起承転結は、大体どの国でも共通しています。

—季節にたとえると、日本人にもなじみがありそうです。

ウィスキングは、自分の心と体と向き合う行為であり、人と自然がつながる場所であるともいわれます。とはいえ、純粋に「すごく気持ち良い」という感覚を大事にしてほしいです。初めてウィスキングを受ける方は、皆さん口を揃えて「こんな体験があったのか！」と驚きます。受けてみないと良さが伝わらないので、もっと多くの人に広めていきたいです。

サウナの基礎知識 8

日本サウナ史 これだけは

1924	・岡部平太が本場フィンランドでサウナ、ウィスキングを体験する。 ・〈パリオリンピック〉にフィンランド選手団がサウナを持ち込む。
1925	・岡部平太が『世界の運動界』でフィンランドでのサウナ体験を初めて日本に紹介する。
1929	・中桐確太郎が「風呂」で"SAUNA"やスウェット・ロッジなどを紹介。
1930	・森田俊彦編著『トラック：競争 スポーツ叢書』にカナ文字「サウナ」が登場。サ飯を紹介。 ・日本人陸上選手一行がフィンランドでサウナに入る。織田幹雄が「ととのった」記録を残す。
1936	・〈ベルリンオリンピック〉の選手村にサウナが作られる。
1951	・トルコ風呂を併設した〈銀座センター 東京温泉〉がオープン。
1952	・関西で初めてのトルコ風呂〈トルコセンター〉が開設。 ・フィンランドで〈ヘルシンキオリンピック〉開催。14の蒸し風呂が選手村に設置。
1957	・銀座〈東京温泉〉に日本式サウナ風呂がオープン。
1960	・フィンランド大使館内にフィンランド式サウナが設置。
1963	・大阪〈ニュージャパン〉が関西初となる日本式サウナ風呂を設けた「スカイガーデンバス」を開店。
1964	・東京オリンピック開催。選手村に選手、関係者が利用できるフィンランド式サウナが設置。
1966	・フィンランド式サウナ〈スカンジナビアクラブ〉が横浜にオープン。
1968	・旧国立競技場付属の〈国立競技場スポーツサウナ〉がオープン。 ・横浜に〈横浜国際ヘルスクラブ〉(現〈スカイスパYOKOHAMA〉)がオープン。
1979	・大阪に世界初のカプセルホテルとなる〈ニュージャパン梅田(カプセルホテル・イン大阪)〉がオープン。
1980	・〈湯乃泉〉グループが健康センターをオープン。
1988	・〈札幌テルメ〉(現〈シャトレーゼ ガトーキングダム サッポロ ホテル＆スパリゾート〉)がオープン。日本で初めてアウフグースを実施。
1990	・スーパー銭湯の発祥となる〈天空SPA HILLS 竜泉寺の湯 名古屋守山店〉が名古屋にオープン。
2017	・下北沢で開催された〈CORONA WINTER SAUNA〉がサウナイベントのはしりに。
2019	・『マンガ サ道』がテレビドラマ化。
2021	・「ととのう」が〈2021ユーキャン新語・流行語大賞〉にノミネート。

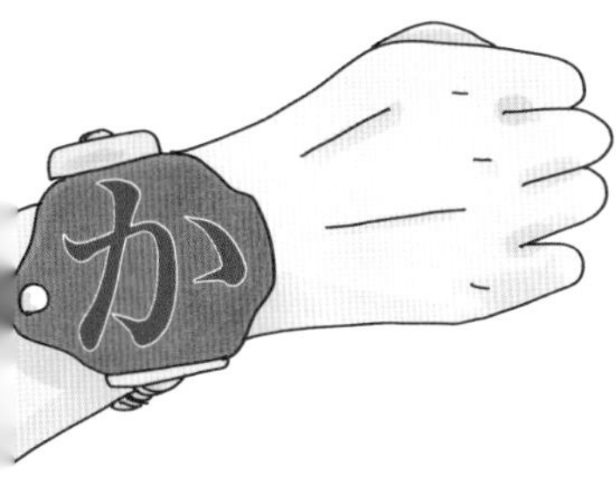

サウナの用語

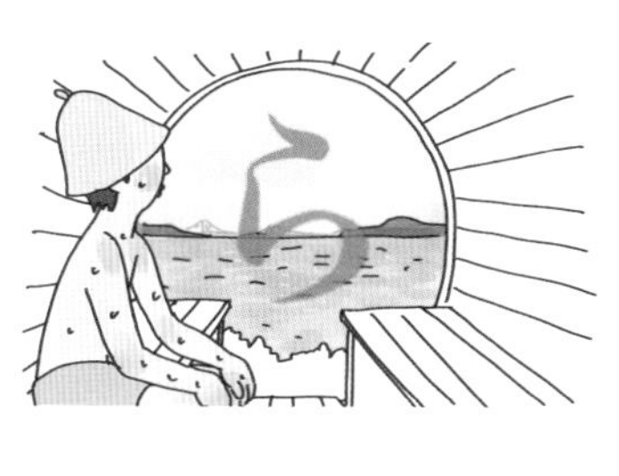

ああああ

声にならない悲鳴。主に初心者が水風呂に入った時、特に10℃以下の水風呂に入った際に発する心の声。(草)

アースバッグサウナ

〔earthbag sauna〕

アースバッグ工法を駆使して作られたサウナ。アースバッグ工法とは、古代中東建築をヒントにイラン人の建築家ナダー・カリリによって発案された、土嚢袋を積み上げて固定するシンプルな建築技術を指す。この工法で作られたサウナに、北海道・上川郡当麻町〈Koti Private SAUNA Cottage〉、福島県・南相馬市〈サウナ発達〉、愛知県・新城市〈タカハウス〉、沖縄県・恩納村の〈GoMe〉などがある。(草)

アイスサウナ

〔ice sauna〕

氷で作られたサウナ室。フィンランドでは、冬季に大きな氷を積み上げてサウナ室を作ることもある。アイスサウナ内の空気は柔らかく、高湿度と低めの温度(約65℃)により、通常のサウナよりも呼吸が楽に。ロウリュをすると氷が瞬時に溶けるため、ピキピキという音と大量の水蒸気が発生し、非常に幻想的である。皮膚を瞬間的に湿らせることから、肌に優しいサウナともいわれている。なお、愛知県・名古屋市〈ウェルビー栄店〉にある、フィンランド・ラップランドの環境を再現した冷凍庫型サウナの名称も「アイスサウナ」だ。(草)

アイススイミング

〔ice swimming〕

厳冬の海や川で泳ぐ行為。フィンランドでは、サウナ後の野外アクティビティとして知られている。競技としてのアイススイミングもあり、2009年に誕生した国際アイススイミング協会(IISA)は「シリコンキャップ、ゴーグル、通常の水着を着用し、水温5.0℃/41.0°Fの範囲で、アシストなしで泳ぐ」と定義している。IISAは、アイススイミングを冬季オリンピックの競技種目にすることを目標としている。なお、北極圏最大の都市であるロシア連邦・ムルマンスクでは、氷中のプールで争われる1kmアイススイミングのワールドチャンピオンシップが

行われている。(草)

アヴァント

〔avanto〕

フィンランド語で「氷の穴」の意味。厳冬のフィンランドやロシアでは、サウナ後に凍った湖や川の氷に穴を開け、水風呂代わりに入水する。日本では、北海道・中川郡豊頃町で冬季限定のアウトドアサウナアクティビティ〈十勝アヴァント〉が開催されている。サウナーのレベルが試されるキングオブ水風呂。(草)

あうとどあさうなきょうかい

【アウトドアサウナ協会】

正式名称は〈一般社団法人アウトドアサウナ協会〉。近年のサウナブームによってテントサウナ利用者が爆発的に増え、怪我や事故など、さまざまな問題が発生。しかし、利用方法を啓蒙、注意する団体がなく、事実上野放しになっていた。そこで、アウトドアサウナ文化の持続可能な発展を目的に活動する団体として、安全な利用方法、製品の安全基準など、社会に必要とされているガイドラインの策定を目指し、2022年12月、〈株式会社メトス〉と〈ファイヤーサイド株式会社〉、〈株式会社サウナキャンプ〉によって設立された。(草)

→テントサウナ

アウフギーサー

〔aufgießer〕

サウナ室内でアウフグースを行う人のこと。略して「ギーサー」とも呼ばれ、「熱波師」とは異なる。海外の場合、主に「アウフグースマイスター」という言葉を用いる。正式には、ドイツサウナ協会主催のアウフグース講習を修了した者のみが「アウフギーサー」を名乗ることができる。(草)

→熱波師

アウフグース

〔aufguss〕

ドイツ発祥のサウナパフォーマンス。ドイツ語で「注入」を意味する単語。サウナ室にあるサウナストーブの石に水をかけ、サウナ室に充満した水蒸気をタオルなどで攪拌(かくはん)させ熱波を楽しむ入浴法。第二次世界大戦後、サウナに入る人が減ったドイツの温浴施設スタッフがアウフグースを行い、人々のサウナ利用を促進させたのが始まりといわれている。近年ではショー化され、「ショーアウフグース」へと進化した。逆に、ショーのない一般的なアウフグースを「クラシックアウフグース」と呼ぶこともある。(草)

あうふぐーす まいすたーせんしゅけん

【アウフグースマイスター選手権】

2012年から開催されているショーアウフグースの世界大会〈AufgussWM〉のこと。毎年開催国が替わり、その国を代表するサウナ施設で開催される。出場には複数人で演じる「Team」と一人で演じる「Single」があり、各国で開催される予選を勝ち抜いたサウナマスターのみが本戦で15分間演舞できる。審査員が採点し、タオル技術や熱さ、ストーリー、香りなど、50を超えるさまざまな評価基準があるとされる。日本代表は、2022年度大会に初めて出場した。(草)

アカスリ

【垢擦り】

ナイロン繊維やブラシなどで皮膚表面をこすり、角質に溜まった汗や皮脂などが混ざった老廃物をそぎ落とす行為。世界中に存在し、特に韓国で人気が高い。日本でも歴史は古く、江戸初期には銭湯でアカスリや髪すきのサービスを提供した「湯女(ゆな)」と呼ばれる女性の記録が残っている。戦後日本で最初に始めたのは1951年に銀座にできた〈東京温泉〉で、ここから全国の温浴施設に広まった模様。なお、当時の〈東京温泉〉でアカスリをしていたのは、元力士といった人たちだった。(草)

→東京温泉

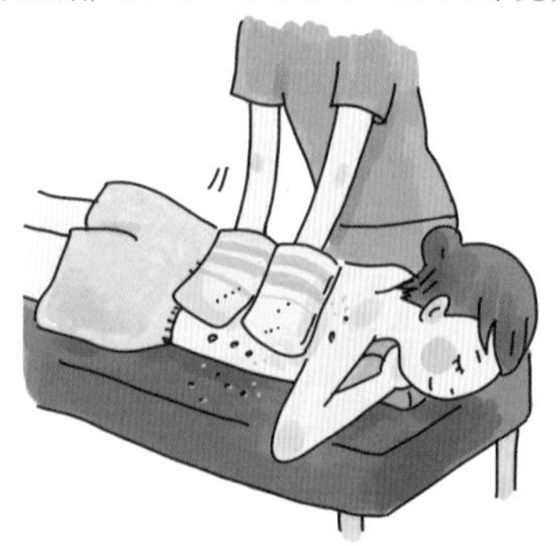

あけちぶろ

【明智風呂】

京都の禅寺〈妙心寺〉に存在する重要文化財の浴室。洗い場を備え、釜の水を炊いてスチームサウナのように蒸気を起こす蒸し風呂である。明智光秀の叔父にあたる密宗和尚が、光秀の供養として「逆賊の汚名を洗い流す」ことを願い建立したとされる。明智風呂は、昭和初めまで数百年に渡り使用されていた。歴代の僧侶たちが蒸気で温まりながら、厳かに身を清めていた光景に思いを馳せたい。(お)

→スチームサウナ

あさうな

【朝ウナ】

朝からサウナに入ること。また、その習慣。主に、サウナ施設やサウナのあるホテルに宿泊した際に楽しまれている。宿泊を伴わなくとも、施設によっては早朝割引プランが利用できる。余談だが、朝ウナは1セット程度に留めておいた方がいい。しっかり3セット入ってしまうと、眠気に襲われ、日中のパフォーマンスに影響を与える可能性があるからだ。(は)

『あしたのジョー』

原作・高森朝雄（梶原一騎）と作画・ちばてつやによる、日本にボクシングブームを巻き起こした大ヒット漫画。『週刊少年マガジン』（講談社）1968年1月1日号（発売日は1967年12月15日）から1973年5月13日号にかけて連載され、サウナを使った減量シーンが登場する。特に有名なのが、東洋太平洋バンタム級チャンピオンで韓国出身のボクサー・金竜飛と戦うことになった矢吹丈が、絶食して一日中汗を流してもほとんどウェイトが減らない極限の状態を迎えた際、強力な下剤を飲んでサウナに行くシーン。この時、ジョーが失禁して横たわるサウナ室のストーブの横に桶と柄杓が描かれた。この描写により、この時期にセルフロウリュできる施設があったことが窺える。（草）

→セルフロウリュ

あしふきまっと

【足拭きマット】

浴室から脱衣所に出た際に、濡れた足を拭くための敷物のこと。紳士たる者、マットに乗る前にタオルで足の裏を拭こう。（編）

あじゅかつ

【アジュ活】

東京都・港区にある〈アジュール竹芝 天空の湯〉に足繁く通うこと。竹芝桟橋に面したホテルサウナで、休憩所から見える夜景が名物。同義語として、富山県・富山市〈スパ・アルプス〉に通うことは「プス活」と呼ばれる。（は）

あせ

【汗】

哺乳類が皮膚の汗腺から分泌する液体。汗を分泌することを発汗という。およそ99%が水であるが、ミネラル、乳酸塩、尿素、皮脂なども含む。ヒト（人間）においては、汗は主として体温調節の手段となっているが、この機能を逆手に取ったのがサウナ浴であるといえる。なお、サウナなどで汗をかくことによって、体から有害物質を取り除く作用（デトックス効果）があるという説があるが、汗腺は基本的に解毒するための器官ではないので、有害物質が汗から出るのはごく少量。（草）

あせかっと

【汗カット】

サウナ後、水風呂に入る前にシャワーやかけ水（湯）で汗を流すこと。（編）

→かけ湯

あせとり

【汗取り】

競馬用語で、騎手が減量するためにサウナ室に入ることの意。騎手はレースに臨む際、競技の公平性を保つため、厳しく定められた体重で騎乗しなければならない。騎手にとってサウナ室で過ごすことがいかに日常的な行為なのかは、2021年3月、往年の名ジョッキー蛯名正義騎手が引退式で語った「明日から調整ルームのサウナに入れないか、と思うとすごく寂しい」という言葉によく表れている。漫画『風のシルフィード』でも、騎手の過酷な減量の様子が描かれた。なお、サウナでの減量は、一般のダイエットには向かない。脱水症状により健康を害するおそれがあり、体重は水を飲むとすぐに戻るので注意したい。騎手のプロ意識はサウナでも発揮されている。(中)
→『風のシルフィード』

あせながしかっとまん

【汗流しカットマン】
→かけず小僧

あのきのこやのかわききったくうきのにおい!

【あの木の小屋の乾き切つた空気の匂い!……】
1968年1月号『近代建築』に掲載された建築家の武藤章(1931-1985)の「あの木の小屋の乾き切つた空気の匂い! 雪や湖水の冷さ! すべすべになつた身体の疲労感! サウナの後にアルコールの入つた時の解放感!」という超絶長いタイトル。

> 最近、東京でやたらサウナの広告が眼につく。皆いい加減トルコ風呂にあきて、サウナの登場ということになったのだろうが、七、八年前には、サウナは麻布のフィンランド公使館(現在、大使館)にひとつあったきりなのだから、相変わらずのはやりすたりのはやさには感心する。一度、東京のサウナにもいってみたいと思っているがまだその機会がないので、東京のサウナがどんなものか知らない。フィンランド公使館の建物が出来た時に、そのサウナを見せてもらったが、その頃の私はサウナについての知識が乏しかったのであまり記憶にない。ただ室内にはった板が桧(ひのき)で、香りが強くていいサウナではないという話をきいてフィンランドではサウナについてずい分気をつかうものだという印象をうけたのを覚えている。

なお、武藤は1962年に渡欧、フィンランドが誇る世界的な建築家アルヴァ・アールト(1898-1976)のもとで学んだ唯一の日本人である。フィンランドとも縁の深い彼の言う通り、1960年にフィンランド式サウナが公使館に実在したことを記している。(草)
→フィンランド大使館

あまみ

交互浴をした際に発生する、皮膚にできる赤と白のマダラ模様の斑点のこと。もともと凍えた手を火(ストーブ)にかざして温めた際、皮膚にできる斑点を富山の方言で「あまみ」と呼んでいたことが由来。サウナと水風呂の交代浴によって、体温調整の変化が急激に発生することで、皮膚の上に赤み・白みのムラが発生。これがあまみの原因とされる。(草)

アメジストサウナ

〔amethyst sauna〕
壁に埋め込まれたアメジスト(紫水晶)が熱せられることで、ヒーリング効果を期待できるサウナ。神奈川県・秦野市〈湯花楽 秦野店〉や韓国のチムチルバンで見ることができる。(は)

アメニティ

〔amenity〕

石鹸やシャンプー、化粧水、綿棒などの使い捨て備品(バスアメニティ)およびドライヤーやタオルなどの小物類(アメニティグッズ)のこと。一義的には快適性や心地よさを意味するが、転じて宿泊・温浴施設の主にバスルームで用いられる小物類を指すようになった。各施設のこだわりの見せ所でもあり、有名メーカーのシャンプーやオーガニックな化粧品、1台10万円ものドライヤーを備える施設も。(編)

→ドライヤー

あるこーるをぬく

【アルコールを抜く】

「酒を飲んだ後、サウナでアルコールを抜く」といった昭和スタイルのサウナ法、は言うまでもなく危険。アルコールそのものに利尿作用がある上、アルコールを分解する際には水分を必要とする。飲酒後にサウナで大量に発汗すると、まず間違いなく脱水症状に陥り、そのまま意識を失って倒れてしまうことも。アルコールはサウナ後の楽しみにとっておこう。(編)

アロマ

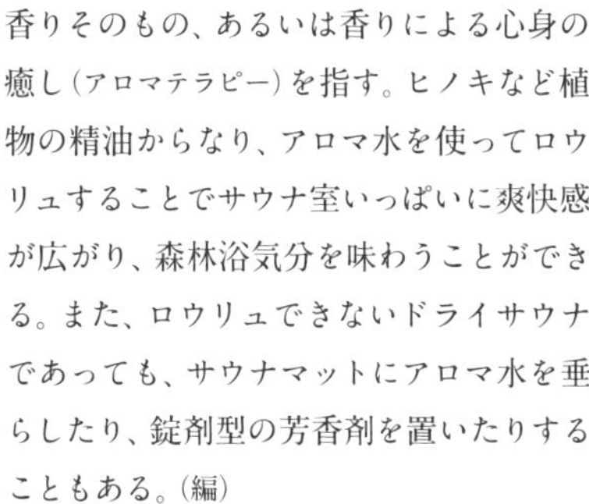

〔aroma〕

香りそのもの、あるいは香りによる心身の癒し(アロマテラピー)を指す。ヒノキなど植物の精油からなり、アロマ水を使ってロウリュすることでサウナ室いっぱいに爽快感が広がり、森林浴気分を味わうことができる。また、ロウリュできないドライサウナであっても、サウナマットにアロマ水を垂らしたり、錠剤型の芳香剤を置いたりすることもある。(編)

→香太くん

あんだーじゅうご

【U15】

水温15℃以下の水風呂のこと。平均的な水風呂の水温は16〜18℃といわれるため、比較的冷たい部類に入る。(編)

→グルシン

いいひとばかりだ、みんなしんせつになかよくしてくれる

【いい人ばかりだ、皆んな親切に仲良くして呉れる】

1930年のロサンゼルスオリンピックの走り高跳びで6位になった木村一夫(1909- 没年不明)の寄稿した文章より。1933年1月8日に刊行されたマルティ・ユコラ原著、小高吉三郎編訳の『フインランドの運動競技』(文理書院)には「日本選手の眼に映じた彼等の横顔」という、日本陸上選手陣からフィンランドのへの思いを書き綴った、日本版ならではの追加ページがある。

オリムピツクビレヂの緑の丘にカアルフオルニヤの夕陽が、オレヂン色の

映えて居る。

失礼ながら折角日本選手の爲に二百弗(ドル)もかけて建て呉れた日本風呂に目もくれず、サツサツと草履をつツかけ浴衣がけで、手拭を鉢巻にした一団が丘を登つて芬蘭(フィンランド)の風呂小屋の中にすひこまれて行く。

一九三〇年のダルムスタツト遠征後神宮競技場に、是非芬蘭の蒸風呂を作るべきだと気焔(きえん)を上げた選手がある程に、懐かしい忘れる事の出來ない芬蘭の蒸風呂。シユツと石を焼く音に蛸の様に真赤に蒸されて来ると、白樺の葉に水を浸して身体(からだ)をたたく。ダグダグと流れる黒い油汗、ムクムクとむける巻鮨垢(まきずしあか)、シベリヤからためて来た埃と黒パンの汁が、耳の穴から胃の隅から取去られてしまふ。湯気の中から白樺の香が波を打つ鼻をつく。甦つた思ひだ。

オリムピツクビレヂの芬蘭風呂に消えた一団が声高高と、

「イクシイ。カクシイ。コルメ。ネリヤ」一昨年ヘルシンキで教つた芬蘭の数字一、二、三、を得意に叫んで居る。

ポマツク(サイダーの様な飲物)ヤートレー(アイスクリーム)と、知つてる単語を全部しやべつて居る。槍のヤルヴイネン、円盤のコトカス、高跳のレイニツカ等が汗を流しながら湯気の中からニタニタ嬉しそうに微笑んで居る。いゝ人ばかりだ、皆んな親切に仲良くして呉れる。

蒸風呂を出てからの芬蘭料理は天下一品だ。私はこれまで芬蘭滞在中程体重のあった時はない。芬蘭ではミルクが沸いて居るのかもしれないと思われる程に多量だ。

オートミル。牛乳が良い為に特別にうまかつた。毎朝ベツドの中から、オートミルを想出しては嬉しくなつて飛起きたあの頃だつた。

赤大根。小指程の大きさの眞赤な可愛い大根。塩をつけてバリ/\齧るととてもうまかつた。

この文章から戦前の日本人選手たちとフィンランド選手たちのスポーツとサウナを通した熱い友情と、1930年の長い遠征の旅から戻った選手たちが、1924年に完成したばかりの明治神宮外苑競技場(現在の国立競技場の前身)に、フィンランドサウナを作ろうという話まで仲間内で交わしたことがわかる。(草)

イキ

〔iki〕

〈株式会社メトス〉製の円筒状サウナヒーター。フィンランド語で「永久、永遠」を意味する。大量のサウナストーンにロウリュすると、360度に蒸気が広がる。アウフグースイベントに力を入れる、東京都・荻窪〈東京荻窪天然温泉なごみの湯〉などに設置されている。(編)

いしぶろ

【石風呂】

瀬戸内海沿岸や島々に遺構が点在している、石風呂は、日本の古代サウナの一つ。起源は明確ではないが、仏教伝来前後とされている。岩窟などの密室で、枯れ木や枯草、海藻などを燃やして床温を上げ、水をかけることで蒸気を発生させる。床に茣蓙(ござ)を敷き寝そべり、汗をかく。石風呂を体験できる場所のひとつに、山口県・防府市〈東大寺別院阿弥陀寺〉がある。日本の伝統文化である石風呂を保存する会により、遺構とは別に1981年に建築された石風呂である。(中)

→から風呂

イズネスサウナ

〔isness sauna〕

ガス遠赤外線サウナヒーターの前面にサウナストーンを敷き詰めることでロウリュも可能とした、〈株式会社メトス〉製のハイブリッド型サウナヒーター。その無骨でワイルドな佇まいは、サウナ室で抜群の存在感を放つ。「全自動ロウリュタイプ」では、岩肌を滝のように流れ落ちる水が、灼熱のサウナストーンに触れて蒸気に変わる迫力と爽快さを楽しむことができる。埼玉県・さいたま市〈おふろ café utatane〉、神奈川県・横浜市〈ファンタジーサウナ&スパ おふろの国〉、山梨県・都留市〈山梨泊まれる温泉より道の湯〉などに設置されている。(お)

いたのまかせぎ

【板の間稼ぎ】

銭湯の脱衣所(板の間)で、他人の衣服や金

品をかすめ取る盗人。銭湯の番台は板の間稼ぎを監視できるように、脱衣所が見渡せる造りになっている。江戸時代では、捕らえられた犯人は顔に煤を塗られ、さらし者にされた。その様子は『賢愚湊銭湯新話(けんぐみなとせんとうしんわ)』に描かれている。時代が移っても、脱衣所はどうしても死角になる。貴重品は持たずに行くか、貴重品ロッカーに預けたい。(中)

→脱衣所、番台

いのうえげきじょう

【井上劇場】

元プロレスラーで熱波師の井上勝正によるパフォーマンスの通称。煩悩の数である108発の熱波など、独特のパフォーマンスが人気。井上が熱波中に叫ぶ「パネッパ」は苦しみと悲しみを破壊するという。神奈川県・横浜市〈ファンタジーサウナ&スパ おふろの国〉などで体験ができる。(編)

→熱波

インフィニティチェア

〔infinity chair〕

深い角度にリクライニングが可能なメッシュ素材のアウトドアチェア。通称「ととの

い椅子」。後方に倒れる時の浮遊感と、雲の上に寝転んでいるような座り心地が特徴で、外気浴との相性は抜群だ。(編)
→ととのい椅子

ヴァンタ

〔vanta〕

リトアニアにおけるウィスク。(編)
→ウィスク

ヴィーナス

〔venus〕

ギリシャ彫刻のレプリカ。千葉県・船橋市〈ジートピア〉や大阪府・大阪市〈グランシャトー〉などで見られる。ローマの古代浴場テルマエをイメージしたものと思われ、千葉県の施設に多く現存する。(は)

ウィスキング

〔whisking〕

ウィスクを使った施術。(草)
→ウィスク

ウィスキングマイスター

〔whisking meister〕

ウィスキング施術者の総称。ラトビアでは「ピルツマイスター」と呼ばれ、国家資格である。(草)

ウィスク

〔whisk〕

サウナ室で使用する植物の束。代表的なものとして白樺やオーク、ユーカリなどがある。ウィスクは英語で、フィンランドでは「ヴィヒタ」、エストニアでは「ヴィッヒト」、ラトビアでは「スルアタ」、リトアニアでは「ヴァンタ」、ロシアでは「ヴェーニク」と呼ばれ、サウナ入浴客にとって必須アイテムである。水に漬け、植物のエキスを抽出しつつ柔らかくし、体を叩いたり、枕にしたり、空気を掻き回したりするのに用いる。血行促進やアロマテラピー、美肌、健康増進などの効果があるとされる。ウィスクを使った施術がウィスキング。(草)

ヴィッヒト

〔viht〕

エストニアにおけるウィスク。→ウィスク

ヴィヒタ

〔vihta〕

ウィスクのフィンランド語。「ヴァスタ」とも。日本では、主に白樺の枝を束ねたものを「ヴィヒタ」

と呼ぶ人が多い。(草)

ヴィム・ホフ・メソッド

〔Wim Hof Method〕

ヴィム・ホフ(Wim Hof)とは、「アイスマン(ICEMAN)」のあだ名で親しまれる1959年オランダ生まれの男性。極寒に耐えられる能力を有し、現在20もの世界記録(北極圏でのハーフマラソンのタイムや、氷の詰まった浴槽に居続けられる時間など)を保持している。そんな彼が考案した「呼吸エクササイズ」と「コールド・トレーニング」の実践方法が「ヴィム・ホフ・メソッド」である。このメソッドを実践すると血行が改善され、心臓が強化され、体脂肪が3倍燃え、病気にならない体が手に入るといわれており、近年サウナーでも実践している人が多い。著書に『ICEMAN:病気にならない体のつくりかた』(サンマーク出版)がある。用例「あの呼吸見ろよ。ヴィム・ホフ・メソッドの呼吸エクササイズだな」(草)

ヴェーニク

〔venik〕

ロシアにおけるウィスク。(編)

→ウィスク

ウォータースライダー

〔water slider〕

富山県・高岡市〈温泉天国よつやのゆ〉には、サウナがある2階の浴室エリアから1階のプールまでダイブできるウォータースライダーが存在した。同施設は老朽化のため2022年11月に惜しまれつつ閉店となったが、想像以上の猛スピードによるスリリングさや、全裸でプールに放り出される解放感は唯一無二であり、コアなサウナーに愛された名物アトラクション(?)であった。(お)

ウォームピラー

〔warm pillar〕

東京都・渋谷区〈ドシー恵比寿〉に設置された〈TOTO株式会社〉製の水シャワー。その日の気分とコンディションによって、5種の水温(15℃/20℃/25℃/30℃/水道水自然温)を使い分けることができる。(編)

ウォーリュ

〔wayly〕

壁(ウォール)+ロウリュの造語で、サウナ室の壁に向かってロウリュすること。北海道・帯広市〈森のスパリゾート 北海道ホテル〉の、白樺の切り株を敷き詰めた壁が有名。芳醇な香りを含んだ蒸気が壁から一斉に押し寄せ、壁から滴り落ちた水が床(フロア)に落ちればフローリュとなる。(編)

→ガオーリュ

うかせし

【浮かせ師】

サウナ室でのウィスキング後、水風呂や湖などに浮かせてくれる人。専任ではなく、ウィスキングマイスターが兼任することが多い。水に浮かべた受け手の身体を支え、揺らしたり、水平に回転させたり、垂直に

浮き沈みさせたりすることで快楽を引き出すのが浮かせ師の腕の見せどころ。受け手としては、浮かせ師に完全に身を預けて脱力することが、心地よさを享受するための大切なコツである。他の体験には例え難く、思わず涙を零す人もいる。(中)
→ウィスキング

うけつけ

【受付】

銭湯における番台。スーパー銭湯やサウナ施設では、入場後に男湯と女湯が分かれる「フロント式」が基本。(編)

うぶゆ

【産湯】

サウナに開眼した最初の入浴施設のこと。はじめてサウナで「ととのう」体験をした場所。用例「俺の産湯は〈湯乃泉 草加健康センター〉だぜ」「私の産湯は〈アダムアンドイブ〉だったわ」(草)

うもうとうせん

【羽毛登仙】

1955年(昭和31年)に西村敏雄(1898-1956)が著した『随筆 北欧の話』(日本再建協会)に含まれる文章。陸軍軍人として、1934年から37年、1939年から41年にかけて北欧に駐在し、フィンランド兼スウェーデン公使館附の武官だった西村は、ある夏フィンランド人の友人に湖畔でサウナのもてなしをうけた話を「サウナの奇習」として披露している。(草)

> サウナから出た一同は、庭前疎林(そりん)の中に準備された食卓についた。ビールのうまさ。ザリガニの味。私は身体中の疲労素と垢、それに鬱憤(うっぷん)・遠慮気嫌(きげん)などモヤモヤした感情が根こそぎ抜け出して、羽毛登仙の思いがした。奇習サウナの功得であろう。

うわき

【浮気】

サウナを浮気の隠れ蓑にする不届き者がいるとかいないとか。数時間を必要とする趣味である、必ずシャワーを浴びる、宿泊することもある……とあれば、浮気性のパートナーを持つ者が疑いの目を向けてしまうのも致し方ないのか。浮気に及んだ後、本当にサウナに立ち寄ってから何食わぬ顔をして帰宅する強者もいるらしい。(編)

えいきゅうこしかけ

【永久腰かけ】

銭湯でよく見かけるコの字型の椅子。特にカランの位置が低い関西の銭湯で多用されている。大阪府・生野にあった〈池島製作所〉の製品。半世紀以上使用されているものも。滋賀県・長浜市〈北近江リゾート〉では、サウナ室内で「かさ上げ椅子」として利用。(編)

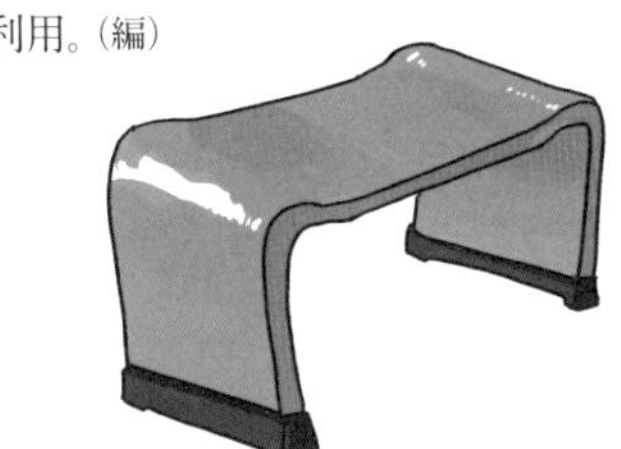

えんせきがいせんさうな

【遠赤外線サウナ】

ヒーターの赤いグルグルでお馴染みの、遠赤外線を使用したサウナ。空気を温めるのではなく体を直接温めるので、エネルギー効率が良い。比較的安価なため、自宅サウナとしても人気が高まっている。(編)

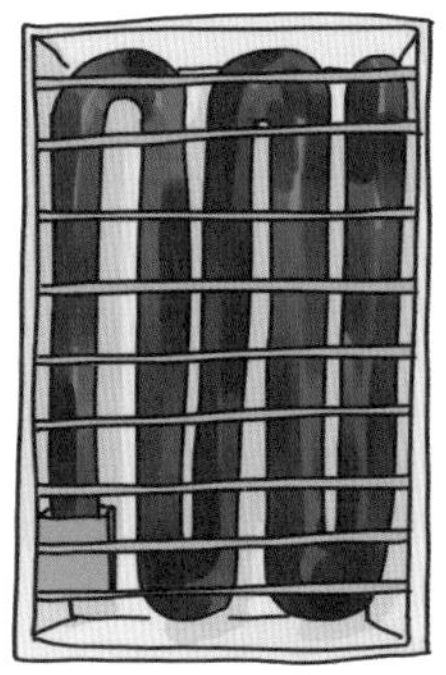

オイルショック

〔Oil shock〕

1970年代の原油価格高騰に伴う世界的な経済混乱の総称を指す。1973年の第四次中東戦争を機に第一次オイルショック、1979年のイラン革命を機に第二次オイルショックが発生。日本でもエネルギー価格の急騰により数多くのサウナ施設が廃業に追い込まれ、1964年の〈東京オリンピック〉以降続いていたサウナブームの衰退原因となった。そして2023年現在、2022年から続くロシアによるウクライナ侵攻により、オイルショック以来のエネルギー価格高騰が温浴業界を直撃。老舗・有名サウナ施設の閉店が相次ぐなど、厳しい状況に瀕している。(お)

おうさまこーす

【王様コース】

千葉県・船橋市〈ジートピア〉におけるサービスの名称。専属スタッフが来店から給仕し、アカスリやマッサージ、その後はレストランまで案内してもらえる。一度は体験したいVIPコースだ。(は)

おうしゅうりくじょうきょうぎかいあんぎゃ

『欧州陸上競技界行脚』

1931年7月に刊行された書籍『欧洲陸上競技界行脚』(日本学生陸上競技聯合編、三省堂)。1930年にドイツのダルムシュタットで開催される〈第四回国際學生競技会〉に参加するため、日本学生陸上競技連合は日本初となるヨーロッパを中心とした海外遠征を決行。その道中で見聞きし、また起きた出来事を翌年に記録として出版したのだが、本書には選手たちのフィンランドにおけるサウナ体験も残されている。遠征の期間は6月中旬から9月初旬までの約3カ月。フィンランド(ヘルシンキ、タンペレ、ラハティ)、エストニア(タリン)、スウェーデン(ストックホルム)、ノルウェー(オスロ)、ドイツ(ダルムシュタット、ベルリン)、フランス(パリ)、スイス(チューリッヒ)、オーストリア(ウィーン)、ポーランド(ワルシャワ)の9カ国を転戦する激しい旅程であった。参加した選手は、森田俊彦や大島鎌吉、吉澤宗吉、岩永美澄、吉岡隆徳、矢柴春雄、印藤金太郎、中島亥太郎、西田修平、藤田辰三、望月倭夫、角谷保次、西貞一、木村一夫、佐々木吉藏、住吉耕作、織田幹雄といった、当時の日本陸上界の錚々たる面々だった。(草)

おうどさうな

【黄土サウナ】

黄土を壁面に塗ったサウナ。韓国伝統のサウナのひとつで、黄土のほか、各種の砂や土、草など天然素材を練り合わせて作られる。黄土は、砂漠や氷河に堆積した土や岩塩がヒマラヤを越えてくる偏西風によって運ばれたもので、遠赤外線を放ち、皮膚の老廃物を除去する効果が高いといわれる。(編)

オートロウリュ

〔auto löyly〕

人の手によらず、機械から水が噴射することで自動でロウリュされること。(編)

→ロウリュ

オーバーフロー

〔overflow〕

浴槽からお湯や水が溢れている状態。また、お湯や水が溢れることを防ぐため、浴槽の淵からやや下部に取り付けられた排水溝を指すこともあり、主に銭湯の水風呂に設置されている。(は)

オープンダイアローグ

〔open dialogue〕

フィンランド発祥の精神科療法。対話(ダイアローグ)を通して、自分の声と他人の声に耳を傾ける中で、心の健康にアプローチしていく。オープンダイアローグの技法を基礎として、サウナとオープンダイアローグを掛け合わせたイベントが、東京都・千代田区〈SaunaLab Kanda〉で継続的に開催されている。サウナで心がととのった状態での対話が、初対面の参加者同士の緩やかなコミュニケーションを生み出している。(中)

おかべへいた

【岡部平太】

(1891-1966) 日本のスポーツ指導者、柔道家。日本で最初のアメリカンフットボール紹介者。スポーツ黎明期の日本に科学的トレーニングを導入した事から「近代コーチの祖」とも呼ばれる。柔道8段、剣道5段。福岡県糸島郡芥屋村(現在の糸島市)出身。福岡師範学校時代に、柔道や剣道に持ち前の運動神経を発揮。22歳の1913年に特別推薦により嘉納治五郎が校長を務める東京高等師範学校(現・筑波大学)体操専修科に入学すると、柔道の講道館にも入門。

翌年には紅白時代で7人抜きを行い、講道館四段に昇進。学生で四段は当時岡部ただ一人で、実力者として内外に知られた。1917年6月、「世界の競技を研究しよう」と思いつき、アメリカをはじめとする単身武者修行に出発。著書『世界の運動界』の序文にはその当時の様子をこんな風に書いている。

> 吾々運動場に立つものにとつて負けるといふ位なさけない事はない。吾々はどうしても世界オリンピツクには勝てないのか、古来吾々民族が養ひ来つて誇りとする日本魂も世界の競技場では全く役に立たないのか、若し小さな吾々の民族が体力に劣つて居るのなら、果して何の位迄劣つて居るのか、自分はもどかしく興奮するこの自分自らのフアイティング・スピリツトをこの一友人(先に留学した岡部の友人＊筆者註)に托しようとしたのであつた、彼も亦彼の運動生活の最終の思ひ出としてこの大試練に臨まうと悲壮な決心を起したのであつた。
>
> 彼が出発して後、自分はもう居ても立つても居られなくなつたよし自分も行かう、と思ひ立つたのは丁度それから一ケ月後であつた、そうして予てから憧憬れて居た北欧運動国の巡歴をもこの機会に企てようと考へたのであつた、翌年の一月には直ぐオリンピツクゲームスの冬季競技がアルプス山中のシヤモニーで行はれるので西伯利亜経由で行かうとしたが、労農ロシヤの事情が到底之を許さなかつたので急に予定を変えて十二月の末横浜を立つて先ず米国に向かつたのであつた。

留学先のシカゴ大学でエイモス・アロンゾ・スタッグ教授よりバスケットボール・水泳・陸上競技・アメリカンフットボール、体育理論とコーチ理論を実地に学ぶ。アメリカのみならず視野を広げ、さまざまな国であらゆる競技を学び、体育理論や体育史をどんどんと吸収し、ようやく念願のスポーツ大国・フィンランドに到着すると、精力的にフィンランドチームの練習を視察し、著名なスポーツ選手と交流を深めていく。著書の中で岡部はサウナ体験までしたことを記しており、「フインランドはなぜに強きか」という章には「(8)フイ＝シユバス(浴場)とマッサーヂ」という項目が記載された。

> バス(入浴)の習慣は国々によつて異ふがフインランドのバスは一時独特である、フインランドの競技者は、皆このバスが筋肉によいのだと信じて一週間に一度、二週間に一度はきつとそれをやる、巴里の大会(1924年に開催されたパリオリンピック＊筆者註)で最も必要な準備はどうしてこのフインランド・バスを巴里に用意するかと云う事であると噂されて居る。
>
> 公衆浴場に行つて見ると日本の洗湯によく似た気分で先づ入口の湯番でお金と引換へに白樺の様な葉の沢山ついた小枝の乾かしたものと食塩一握り位を紙の袋で包んだのを貰ふ。中には二十人位の脱衣場があつて、その向ふのドアをあけるとそこは流し場になつて居る、粗い木の台があつてバスから出て來たものは一々この台の上に寝て、アカスリとマツサーヂを

やつて貰つて居る、そこでバケツ一杯の水に前の木の枝をつき込んでそれをさげて、次のドアを開けて愈々風呂場へ這入つて行くのである、蒸し返へされる様な湯気が一ぱい罩(たちこ)めた中を見ると向ふに満州やシベリアの家々で使用されるペチカと称する暖房装置に似た大きい鉄の空筒が一つあつて其両側に二三段の棚になつた浴台がある、それに真赤裸になつた、人達が腰掛けて居る、僕も木の枝を浸した、バケツをさげて、一番上の台まで行くと我慢出来ない程の熱気が頭の上からやつて来る、辛抱してバケツの水を先づ頭にかける、三十秒とたたぬ中に其水が湯の様になる、またかける体にも木の枝で、パチヤパチヤ水をかけて居るのだが、到底も堪へられぬ様に蒸される、そうすると今度は体を先づ足から胸へ塗つて木の枝で自分の足や肩をしきりにたゝく、枝も葉も水も湯気で適当に柔かになつて居るので、其ビリビリとする感触が何とも云へぬ気持である。

湯気がさめて来ると湯気の出口に水を入れると又強いのが出てくる、仕掛は極めて簡単である、即ち室は全部コンクリートで塗つてあつて真中にペチカがある、鉄の空筒の下の方で石炭を燃すと其煙は奥に這入て壁伝ひに逃げる熱気の出口までの空筒の中には石の破片がつまつて居る、たゞそれだけの設備に過ぎない、熱せられた空気が石の中を通つてから出てくる其熱気が天井にあたつて上から蒸してくる、それがだんだん冷へて下の方へ降りて行くと誰か其出口に水を注ぎかける、中には石が焼けて居るので、焼け石に水の道理で直ぐ蒸気となつて頭の上から焼ける様な熱気となつて下りてくる、頭には水をかけ乍ら例の木の枝でからだ全体をたゝき散し、二十分も我慢して居れば、柔軟になつた皮膚からからだ中の汚物が汗になつて出てくるかと思はれる、西洋に来て不愉快なのは風呂だが、この蒸し風呂だけは格別である。そこを出て流し場の臺の上に寝て居ると流しが来て夕顔の心に世間を附けたので足の指先一本一本から全体裏表残る所なく十分に流してくれる。

このフインランドバスは、芬蘭の神話と共に存在するので芬蘭の人の体力はこのバスによつて保たれるとさへ考へられて居る、だから一軒の家が分れる時は先づこの風呂を作りそれが出来上がつて母家を建て始めて分家をする習慣になつて居る、芬蘭の田舎を汽車で通ると何の家にも必ず一つづつのこの小さい風呂が母家からはなれて建てられて居るのを見受ける。

日本で最初にサウナ体験をレポートし、ウィスキング体験の記録を残した。1924年4月頃にサウナ体験をしたと推測される。
帰国後は海外で学んだ科学的なコーチ法を武器に、日本のスポーツの近代化に精力を傾けていく。1922年に満州体育協会を設立、理事長に就任。大連に当時としては最大規模のスタジアムを建設し、1928年、日本初の陸上競技の国際試合となる〈日仏対抗陸上競技大会〉を開催する。戦後は敗戦で全てを失いながらも、福岡市に平和台陸上競技場を創設し、〈ボストンマラソン〉

で日本人を初優勝に導くなど、近代スポーツの祖として、戦後の日本のスポーツ界に尽力した。なお戦後にGHQを説得し、初めて日本の国旗掲揚を認めさせたのも岡部の功績である。(草)

→ウィスキング

おかわり

アウフグースの際、風を追加で送ってもらう行為。また、その時にかける言葉。言葉を発せずとも、頭の上に手を組む動作を「おかわりのポーズ」と呼び、察しのいい熱波師なら風を送ってくれる。用例 熱波師「おかわりはいりませんか？」(スッ…無言で「おかわりのポーズ」)「おかわり熱波です〜(風を送る)」(草)

→アウフグース

おくじょう

【屋上】

サウナ施設のみならず、商業施設やホテルの屋上などにテントサウナを設置し、イベントに活用する例が増えている。東京都・中野区〈松本湯〉では、大都会の夜景を眺めながらテントサウナを楽しめる「銭湯de テントサウナ」というイベントが開催されていた。(編)

おくるみ

サウナ室内でのウィスキングにより身体を温め、水風呂や湖で身体を冷やした後、最後の休憩では、身体を冷やしすぎないように、タオルや毛布で全身をくるむ。ウィスキングマイスターは、大切に、丁寧に、赤ちゃんをあつかうように、受け手をくるむ。香りを焚くこともある。受け手は、どこまでも深い安らぎを感じる。目を覚ましたとき、生まれ変わったような気持ちになる人もいる。(中)

→ウィスキング

おけしゃわー

【桶シャワー】

頭上に吊るされた桶をロープで引っ張ることでひっくり返し、桶にたまった冷水を一気に浴びるシャワー。東京都・豊島区〈タ

イムズスパ・レスタ〉などで体験できる。「ガッシングシャワー」とも。(S)

おこもりサウナ

東京都・品川区〈西小山 東京浴場〉に設置された一人用サウナ。脱衣所に2台が設置されており、Bluetoothに接続することでお気に入りの音楽を流すことができる。(は)

おしっこロウリュ

2022年10月18日夜、岐阜県・岐阜市〈新岐阜サウナ〉で個室サウナ利用客がおしっこでロウリュするという事件が発生。予想外の蛮行に全サウナーが震撼、二度と起こしてはならぬ禁断の行為として「おしっこロウリュ」、通称「尿リュウ」という言葉が浸透した。(草)

おしぼり

愛知県・名古屋市〈ウェルビー栄〉の浴室入口付近には小型冷蔵庫が設置されており、おしぼりが綺麗に並べられている。サウナからの水風呂後、よく冷えたおしぼりで休憩時の火照った顔を覆うのがベター。「つめた〜いおしぼり貸出中」の張り紙がやさしい。(編)

おだみきお

【織田幹雄】

(1905-1998)アジア人、日本人初の金メダリスト。日本の陸上選手、指導者。広島県安芸郡海田町出身。子供の頃から走ることが速く、広島一中3年生の時に、1920年〈アントワープオリンピック〉陸上十種競技選手・野口源三郎が開いた講習会にたまたま参加。この時に「陸上競技」なるものが存在することを知り、記録会での走高跳で「君は練習すれば、きっと日本の代表になれる」と野口に煽てられたことから本格的に陸上競技を始めた。翌年に新設された、陸上部の前身といえる「徒歩部」に入部。猛練習の末、中学5年生の時に大阪で開催された神戸高商主催の全国中等学校陸上競技大会へ出場、織田含むたった3名の部員で優勝するという、スポ根マンガ並みの快挙を成し遂げた。
1923年、〈広島高等師範学校臨時教員養成所〉へ進学。〈第6回極東選手権〉に日本代表として初選出され、走幅跳と三段跳で優勝、翌年のオリンピックにも抜擢された。
1924年、19歳で挑んだ〈パリオリンピック〉では、現地に着いて早々に、外国人選手の様子を見て「とてもかなわない」ことがわかった。そこで外国人選手の練習方法やフォームを勉強しようと、一緒にトレーニングをしたり、彼らの練習を見たりすることに努めた。この時、視察に訪れていた岡部平太が、〈アントワープオリンピック〉フィンランド陸上競技コーチのヤーッコ・ミッコラから学んだ三段跳の理論を織田に伝え、才能が開花。結果、織田は三段跳で6位と

いう成績を残し、日本人陸上選手として初めて入賞を果たした。
その後、日本に戻った織田は早稲田大学商学部に進学し、競走部に在籍。織田や南部忠平を慕って入部してきた西田修平らと練習を重ねつつ、岡部から教わったミッコラの三段跳の理論を練り上げていく。たゆまぬ努力の結果、ついに1928年〈アムステルダムオリンピック〉の三段跳で金メダリストを獲得した。
そんな織田がサウナに目覚めたのは1930年。日本学生陸上競技連合は初めてヨーロッパを中心とした海外遠征を決め、ドイツのダルムシュタットで開催される〈第四回国際学生競技会〉に未来の陸上競技者たちを送り込んだ。これに参加した織田はサウナを初体験。今で言うところの「サ活」を綴った。
戦後はスポーツ指導者として活躍。1964年の東京オリンピックでは、陸上競技日本代表総監督(JAAF強化委員長)として指揮を執り、翌年には早稲田大学教授に就任。IAAF技術委員などを務め長く後進を指導、選手育成に尽力し、日本のスポーツのために命を燃やした。(草)
→身体がポーとして何とも言へない気分

『オッドタクシー』

〔ODDTAXI〕

日本のテレビアニメ(2021年4〜6月、テレビ東京ほか)。擬人化された哺乳動物たちが、登場人物として可愛らしいタッチで描かれる一方、会話や行動、ストーリーではリアルな人間臭さが描かれている。主人公の小戸川(セイウチ)は、都会の偏屈なタクシードライバー。あたりまえの日常から、ゆるやかに事件に巻き込まれていく。監督は、無類のサウナ好きとしても知られる、木下麦。作中、サウナでの会話シーンが度々登場するが、どれも印象に残る名シーンである。「オッドタクシー」は、テントサウナ関連事業を展開する〈株式会社サウナキャンプ〉とのコラボもしている。同社が販売するテントサウナ「MORZH」は、日本語で「セイウチ」という意味であり、運命を感じる。(中)

おにさうな

【鬼サウナ】

地獄谷の崖のような岩肌を外観に採用し、鬼の棲み家のような荒々しさを表現した北海道・登別市〈登別温泉 登別グランドホテル〉のサウナ。サウナストーブは棍棒を模した金色のフレームで、鬼の名にふさわしい110℃の高温設定。室外には二つの羽釜風呂があり、青は16℃、赤は43〜44℃で、青鬼と赤鬼の温冷交代浴も楽しむことができる。水風呂は、登別北東部の山麓を源とした沢水かけ流しである。(編)

おもいやりばとん

【思いやりバトン】

ととのい椅子使用後、座面にお湯をかけて席を譲ること。言葉を交わさずとも思いやりの精神を繋いでいくことを指し、その様子は『マンガ サ道』第3巻にも描かれている。（は）

→ととのい椅子

おゆたいしょう

【お湯大将】

外気浴でととのっている最中に、頭のてっぺんから足先まで人肌ほどのお湯をかけてもらえる埼玉県・さいたま市〈さいたま桃月園キャンプ場／サウナパーク〉の名物サービス（2023年7月現在は休止中）で、それを行うtoshiの通名。アカスリやマッサージでは味わえない、えも言われぬ快感が全身にほとばしる。（編）

オロポ

〈大塚製薬株式会社〉の飲料水である「オロナミンC」と「ポカリスエット」を混ぜたもの。発祥は東京都・港区〈アダムアンドイブ〉。五箇公貴によるインタビュー（『サイコーサウナ』（文藝春秋）より）で、社長の文沢圭（ムン・テッキュ）は次のように答えている。

> もともと女性専用サウナの「イブ」をやってた頃、オロナミンCにヤクルトを入れる飲み物があったんです。ただ、おいしいんですけど、汗をかいた後だとちょっと甘みも強いし、量も水分補給にしては足りない。すると父が、「じゃあオロナミンCにポカリスエット入れちゃったら？」って言い出して。実際にそうやって飲んでみたら「これすごくおいしいね！」って。それで「オロポ」が誕生したんです。でも既存の製品を混ぜただけなので、僕らが発明したんですと大々的に言うのはちょっと忍びないというか。都市伝説的に、みなさんの間で「アダムアンドイブが発祥の地」という認識だけあれば、僕らはそれで十分。

これが昨今のサウナブームもあり、爆発的に広がった。その結果、あらゆる温浴施設にメニューとして定着した。なお、大塚製薬は「オロポ」に対しての公式発信を一切していない。その理由としては、そのまま飲用してほしいという思いがある一方で、このブームにより恩恵を被っている部分もあり、沈黙を貫いているのだろう。なお、「オロナミンC」を「ヤクルト」と混ぜた「オロヤク」、「カルピス」と混ぜた「オロカル」（京都府・京都市〈ぎょうざ湯〉で確認）、「ICE BOX」と混ぜた「オロックス」（高知県・高知市〈SAUNA グリンピア〉発祥）など、派生ドリンクも出てきている。（草）

オロポキープ

大阪府・東大阪市にある「なに健」こと〈なにわ健康ランド 湯〜トピア〉のレストランで実施されている「オロポ」5杯分のキープサービス。ただし、実際にボトルを保管するわけではなく、オロポ5杯分の値段を前払いする（割引なし）。ボトルのようにキープしている感を楽しみつつ、店頭に名前が掲示され、知人に奢ることができるという常連感を味わうためのサービスである。（草）

おんどけい

【温度計】

サウナ室の壁に掲げられた、100℃以上の室温にも耐えうる優れもの。与えられた環境が非日常（超高温）であることを再認識できる。（編）

オンドルサウナ

〔ondol sauna〕

床暖房を熱源とした、40〜60℃でゆっくり入れるやさしいサウナ。静岡県・田方郡函南町〈湯〜トピアかんなみ〉や、秋田県・秋田市〈スーパー健康ランド 華のゆ ルートイングランティア秋田SPA RESORT店〉などに存在する。オンドル（温突）とは、朝鮮半島・中国東北部にみられる床暖房のことで、元々は竈（かまど）を焚く際に出る煙を床下に通すことで室内を温めていたが、現在は温水形式が主流。（お）

おんねんけい

【怨念系】

内壁に落書きがあるサウナ室のこと（筆者命名）。ロッカーキーを使って木の壁に掘られることが多いが、落書きは立派な犯罪である。（草）

おんれいこうたいよく

【温冷交代浴】

温かい風呂またはサウナと冷たい水に交互に入る入浴方法。シャワーなどでお湯と冷水を交互に浴びることも指す。交代浴を行うことで、自律神経への刺激と血管の伸縮作用により血行が促進され、疲れの原因となる乳酸や、体にたまった疲労物質を素早く取り除くことができる。（草）

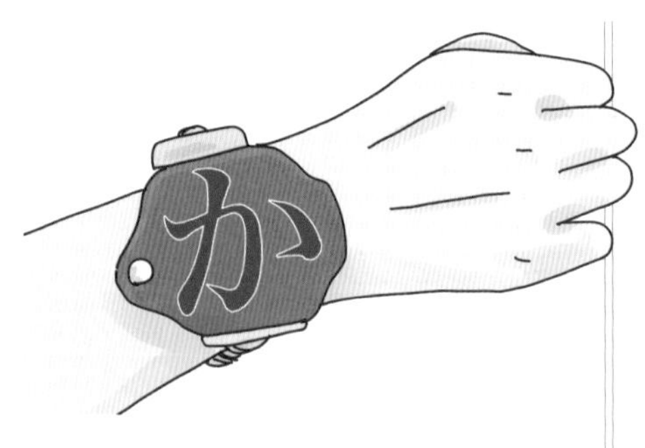

かいいんせいさうな

【会員制サウナ】

会員登録した者だけが入場を許されるサウナ施設。ビジター利用を可とする施設もあるが、初回のみに限定されたり、価格が高く設定されたりしていることがある。また、会員にならないと利用できない特典も多い。都内を中心に、比較的高価なサウナ施設が導入しているシステム。会員登録後、都度利用料金がかかる施設もあれば、月額制で使い放題の施設もある。(S)

→ラグジュアリーサウナ

がいきよく

【外気浴】〔the fresh air bath〕

戸外の新鮮な空気にあたること。サウナ用語では、サウナと水風呂の後に、肌を空気に触れさせる行為を指す。外気では自然の風や音が含まれており深いリラックスにつながり、瞑想やウェルビーイングについての効果が高いことが報告されている。なお、愛知県・豊橋市〈サウナピア〉オープン当時(1982年)のチラシには、「日本で最初にサウナピアが導入した外気浴」との記載がある。(草)

→内気浴

ガウン

〔gown〕

丈の長い、ゆったりとした衣服。正装から室内着まで、幅広い用途で着用される。サウナでは、特にアウトドアでの外気浴の際にタオル生地のものが用いられることが多い。(編)

ガオーリュ

サウナ室の壁に埋め込まれた木彫りの熊にロウリュすること。熊がガオーと吠えている様子から。北海道・帯広市〈森のスパリゾート 北海道ホテル〉男性サウナの名物である。慣れていないと本当にロウリュして良いのか躊躇するが、臆せずトライしてみよう。(編)

→ロウリュ

かぐら

【神楽】

福岡県・筑紫野市〈筑紫野 天拝の郷〉で過去に行われていたアウフグースの名称。宮司の格好をした熱波師にタオルで仰がれることで、天拝山の恵みを全身で浴びることができた。サウナ室内にはサウナストーンが祀られた鳥居が鎮座し、榊の枝葉を束ねて作られたヴィヒタが設置されている。(編)

かけずこぞう

【かけず小僧】

サウナ後、シャワーやかけ湯で汗を流さないまま、水風呂に入水する行為。別名「汗流しカットマン」。東京都・墨田区〈スパ&カプセル ニューウイング〉のように、江戸時代の盗賊「ねずみ小僧」にあやかった掲示物を浴室内に掲げている施設もある。(草)

かけみず

【かけ水】

→かけ湯

かけゆ

【かけ湯】

浴室へ入る際、あるいはサウナ後に水風呂に入る前に湯で全身を流すこと。「かけ湯」と表した水溜めが設置されている施設も。汚れを落とすだけでなく、湯温に体を慣らす効果もあるとされる。「かかり湯」とも。(編)

かぜのしるふぃーど

『風のシルフィード』

競馬をテーマとした漫画作品(1989-1993、週刊少年マガジン)。賭け事としての競馬ではなく、生産者や馬主、騎手、調教師など、競馬運営に関係する人間模様を背景としながら物語は進む。主人公の騎手・森川駿と愛馬・シルフィードの成長や、ライバルとの対決、そして友情など、少年漫画としての要素も盛り込まれている。サウナと競馬は「汗取り」という減量にまつわる用語で結びつく。単行本9巻で、サウナを利用した過酷な減量の様子が描かれている。良い子は真似しないように！(中)

→汗取り

かぜのたき

【風の滝】

東京都・墨田区〈スパ&カプセル ニューウイング〉における休憩スタイル。「ニューウイングスタイル」とも。外気浴スペースはないものの、浴室内に設置されたととのい椅子の上に設置された送風機によって、極上のととのいを味わうことができる。(編)

→内気浴

かぜをひかない

【風邪をひかない】

植草甚一の「ムシ風呂のなかの世界」(1964年)というエッセイの冒頭にある、サウナの効能に驚いた一文。

> このところ三年ほど風邪をひかない。胃が痛んだこともない。人間的にノンビリしてきた。ときどきバカになったんではないかと思うことがある。これらの原因のすべてがムシ風呂に

あることがハッキリしてきた。
　机のまえに座って原稿を書いていないと食えないイヤな商売だが、ムシ風呂に入ったあとは書き損いがすくない。三日くらい苦労した原稿のあとは、頭がすこしおかしくなっているが、ムシ風呂で二時間くらい遊んだり寝っころがっていると、すっかり今までのことを忘れてしまい、こんどの原稿はちがった種類のものだが、さてどう書こうかということばかり考えはじめる。

風邪をひかなくなっただけでなく、原稿の執筆も向上したとある。(草)

ガッシングシャワー

→桶シャワー

カプセルホテル

【capsule hotel】

建築家・黒川紀章が考案した、簡易ベッドを備えたカプセルに寝泊まりする宿泊施設。サウナ施設を併設していることが多い。世界初のカプセルホテルは、1979年に開業した大阪府・大阪市〈カプセルホテル・イン大阪(ニュージャパン梅田)〉。人気サウナ施設もこの形態であることが多く、出張やサ旅の際に重宝される。(編)

かまぶろ

【かま風呂】

日本の古代サウナの一つ。壬申の乱(672年)で、背中に傷を負った大海人皇子が治療したといわれる。温泉の少ない地域のため、医療目的で利用された。3〜4人が入れるドーム型の窯で、石敷きの上に石積みで造り、表面は漆喰仕上げとなっている。中には茣蓙(ござ)が敷かれており、寝転んで熱を浴びる。2023年現在、京都府・京都市〈山ばな平八茶屋〉で宿泊もしくは食事利用者であれば体験できる。(中)

がまんくらべ

【我慢比べ】

我慢強さを競うこと。ただし、サウナで我慢する行為は健康面だけでなく安全面からも良くないものとされている。フィンランドの首都・ヘルシンキの北138kmにあるヘイノラで、1999年から2010年まで毎年開催されていた「サウナ世界選手権〔Sauna World Championships〕」は、110℃のサウナ室内での滞在時間を競うもの。しかし、2010年8月7日の大会では、決勝に進出した2名が病院に搬送され、うち1名が死亡する事態となった。この事故以来、サウナ室内で我慢比べをすることに対して世論は否定的になった。(草)

かみんしつ

【仮眠室】

スーパー銭湯や大型スパ施設、カプセルホ

テルの利用者向けに用意されている仮眠スペース。フルフラットのリクライニングチェアなどが並んでいることが多いが、床にゴロ寝するタイプの施設も。有料の場合は個室となり、無料の場合は共用となることが多い。(S)

からからけい

【カラカラ系】

湿度が低く乾燥しているサウナ室のこと。銭湯やカプセルホテルなど、昔ながらのサウナ施設によく見られる。皮膚や唇、喉へのチリチリとした刺激を感じながら、じっと静かに耐えるストイックなサウナ浴は、ベテランサウナーを中心に愛されている。(お)

→カンカン

からだがぽーとして なんともいへないきぶん

【身体がポーとして何とも言へない気分】

織田幹雄の死後に刊行された『織田幹雄日記から 陸上競技ヨーロッパ転戦記〈日本は強かった〉』(非売品)に残された一文。1930年、ダルムシュタット遠征の際に体験したサウナについて、織田は次のように書いた。

> 帰りを蒸風呂屋に行く。15 Markaaを払って中に入ると中央にプールがある。其のまわりにずっと洋服をぬぐ処がある。素はだかになるとタオルの着物をかして呉れる。其れを着ていよいよ蒸風呂なるものに入る。二段になった階段が作ってあって上の段に腰を下ろしているとバケツに一杯の水と木の葉を渡して呉れる。隅の方にかまがあり其の中に石が入れてある。其の石に水を入れると熱い蒸気が出て来てたまらない程熱い熱い。木の葉に水をつけて身体をたたくのだ。もっとむさくるしい処かと思っていたに相違してとても綺麗な処だ。日本の蒸し風呂よりも此の方が良い。熱いのを我慢してしばらくすると身体中汗になる。案内して呉れたフインランド人は平気で居るには驚いた。
>
> 風呂から出ると直ぐ前に寝台を置いた部屋があって其処にお婆さんが居て身体を流して呉れる。日本ならとてもはづかしくてやれないが平気で身体を流させる。其れがすむと自由にプールに飛び込める。プールに飛び込んだ時の気持は何とも言へない。プールからあがって洋服を着ると身体がポーとして何とも言へない気分になり、眠くなって来る。此れなら疲れはとれるし又元気が出て来るだらう。

この文章から日本人で最初に水風呂体験し、「ととのった」記録を残したのは、日本人初の金メダリスト・織田幹雄であったとわかる。(草)

→織田幹雄、ととのう

からふろ

【から風呂】

日本の古代サウナである「石風呂」の別名。香川県・さぬき市〈塚原のから風呂〉は、奈良時代、その地に住む民の病気を治すために高僧行基によって造られた。江戸時代には高松藩士も愛用しており、複数の文献に記録されている。この歴史的遺産は、かつて経営難により営業停止にまで追い込まれたが、2008年に発足した〈塚原から風呂

保存会〉の活動により、1300年前から連綿と続く灼熱への偏愛を2023年現在も体験することができる。(中)

→石風呂

カラン

〔kraan〕

蛇口から伸びる水道管が鶴の首に見えることから、オランダ語で「鶴」を意味するkraanに由来し、蛇口を指す。主に銭湯で使われ、シャワーと区別するために用いられる言葉。日本語の「蛇口」も、元々はライオンがデザインされた西欧製のものから、「龍口」と呼ばれた日本製の共用栓を経て、蛇口と呼ばれるようになった。(は)

カルターサウナ

〔kalter sauna〕

埼玉県・所沢市〈ザ・ベッド＆スパ 所沢〉に存在するサウナ。ドイツ語で「冷たい」を意味する“kalter”の通り、空調の効いた涼しいサウナ。夏や冬、悪天候時の内気浴に最適。(は)

→内気浴

カンカン

ストーブが極限まで熱されている状態。カラカラに乾いているさま。ひでりや干ばつを意味する中国語「干旱(かんかん)」から来たという説や、高温に熱された鉄板が温度変化で金属音を出すことからこの名前がついたという説もある。夏、太陽が強く照りつけることを「かんかん照り」というが、炭が燃えさかるさまを「かんかん」と呼んでいたため、こちらが語源としては適切かもしれない。「チンチン」とも呼ぶ人がいるが、こちらは金沢の方言で、主に液体の温度が高く、沸騰するほど熱い様子を指す。(草)

→昭和ストロング

かんき

【換気】

サウナ室において、換気は実に大切な要素である。想像してみてほしい。密室に、心拍数を高めた大勢の大人たちが汗をかいている。呼吸も若干上がっているだろう。換気が不十分だと、当然、サウナ室内の空気がよどむ。吸気と排気は、サウナ室にとって実に大切な要素なのである。(中)

→対流

ガンギマリ

薬物が効いている様子を強調して述べる薬物用語だが、サウナ用語としては非常にととのった状態を指す。サウナ、水風呂の交代浴を行った結果、自律神経や脳への刺激が加わり、エンドルフィンなど快楽物質が分泌され、脳の認知機能が変化することで通常とは異なる感覚になる。その結果、視力が良くなったり視野が広がったりすると感じることが多いようである。(草)

→スーパーととのい状態

かんせん

【汗腺】

汗を分泌させる身体の器官でエクリン腺とアポクリン腺がある。個人差はあるが、エクリン腺の蛇口は「汗孔」で全身にまんべんなく存在する。アポクリン腺は腋の下など体の一部にのみ存在し、精神の緊張などにともなって発汗する。タンパクや脂質などを多く含みベトベトした汗で、臭いにつながることが知られている。サウナ浴における汗は、主に体温調節が目的であるためエクリン腺から分泌される。蒸発しやすいようにサラサラしていて無臭である。(中)

→汗

かんないぎ

【館内着】

大型スパ施設やカプセルホテルなどで貸し出される、軽くて肌触りの良い衣類。近年リニューアルされた銭湯やサウナ施設では、有名ブランドとコラボしたりフィンランドデザインを採用したりと工夫している。(S)

がんばんよく

【岩盤浴】

ゲルマニウムや麦飯石などからなる岩盤に熱を加え、その上に寝転がる温浴法。約40〜60℃でじっくりと体を温め、発汗を促す。東京都・文京区〈東京ドーム天然温泉 Spa LaQua〉や東久留米市〈スパジアムジャポン〉など、着衣混浴可能な岩盤浴エリアを有する温浴施設もあり、カップルにも人気。日本における岩盤浴発祥の地は、秋田県・仙北市〈玉川温泉〉とされ、地熱で温められた岩場にゴザを敷き、天然の岩盤浴が楽しめる。(お)

かんらんしゃ

【観覧車】

かつての観覧車には蒸気の力を利用して回転させていたものもあるというが、21世紀の現代では電気で動くのが一般的である。動力は電気でありながら、ゴンドラを蒸気で満たした「サウナ観覧車」が、サウナの国・フィンランドに存在している。ヘルシンキの美しい街並みを眺望しながらロウリュしたい……サウナ愛溢れるフィンランドならではの発想である。観覧車が1周する時間は決まっているので、サウナで過ごす時間を、キッチリ何分と決めているサウナーにとっては、究極の時間管理といえるかもしれない。(中)

キー・オ・メイト

ロッカーキーバンドの呼称。温浴施設ではほぼ必ず使うのに、名前がわからないアレ。バンド部分がカールコードになっていて腕を入れるだけで簡単に装着できるR型と、仮止め機能により腕時計のように装着できるS型がある。最近では、螺旋状のR型カールコードを模したスマートウォッチ用バンドが話題になった。(大)

→ロッカーキー

ぎねすきろく

【ギネス記録】

世界最大のサウナ施設はポーランドにある〈Termy Rzymskie〉の「コロッセオサウナ」。ローマ帝国を彷彿とさせるサウナ室は200㎡の広さを誇り、300人を同時に収容することができる。なお、施工費は1,500万ズロチ（日本円で約4億5,000万円、2023年4月現在）。2009年から始まった“Most Nationalities in a Sauna”は一度にサウナに入る人の国籍数を競うもの。最初にこの記録を始めたフィンランド・ヘルシンキのハーガヘリア応用科学大学の学生とスタッフたちは長らく他国に記録を奪われていたが、2019年11月14日にヘルシンキのスオメンリンナ島にあるフィンランド海軍士官学校で101カ国の人が参加し、ギネス記録を達成。なお、海軍士官学校には1904年に建てられたサウナがあり、一度に180人を収容できる。（草）

キャンプ

〔camp〕

湖畔や川、森林など、大自然との一体感を楽しむキャンプとサウナは相性が良い。テントサウナを持ち込めたり、貸し出しを行ったりするキャンプ場も増え、サウナに目覚めるキャンパーが続出。フレッシュハーブを使用したアロマ水でロウリュしたり、湖や川を水風呂代わりに楽しんだり、BBQでサウナ飯を作ったりなど、アウトドアでのサウナの楽しみ方は無限大だ。（編）

→テントサウナ

きゅうけい

【休憩】

体を休めること。外気浴でくつろぐこと。館内に「休憩室」と標示している施設もある。（草）

→大休憩

キューゲル

〔kugel〕

クラッシュアイスを固めた氷の玉。アロマ水をボール状に凍らせたもの。ドイツ語で「銃弾」を意味する。液体状態のアロマ水によるロウリュに比べ、ストーブの上に置いた氷が徐々に溶けることで、長時間にわたって蒸気と香りを楽しむことができる。（は）

きゅうしゅうれっさたび

【九州列サ旅】

「浴望のまま旅に出る。」をコンセプトにした、JR九州によるデジタルスタンプラリーキャンペーン（2023年春開催）。サウナからサウナへ、移動中の車窓から見える景色にととのう。（編）

ぎょうずい

【行水】

サウナに入る前に全身を洗うこと。あまりに短時間で洗うことは「カラスの行水」と

も。また、サウナ施設の滞在時間全体を指して、1時間コースは「カラスの行水コース」と呼ばれることもある。(編)
→清める

きょうれい

【強冷】

極端に冷たい水風呂を指す形容詞。福岡県・福岡市〈ウェルビー福岡〉には「強冷水」「弱冷水」2種類の水風呂があり、「強冷水」は約5℃に設定されている。(編)
→グルシン

ぎょくざ

【玉座】

サウナ室内の最上段、あるいは最も熱を感じられる位置。構造上柱のくぼみなどになっていて3面(両脇と背面)から輻射熱を感じられる場所(東京都・品川区〈ドシー五反田〉の最上段、東京都・墨田区〈スパ&カプセル ニューウイング〉のジールサウナなど)や、ストーブからダイレクトに熱を感じられる場所を指す(千葉県・市川市〈スパ&カプセル レインボー本八幡店〉など)。(は)

きょくれいさうな

【極冷サウナ】

長崎県・長崎市〈MINATO SAUNA〉にある、平均−15℃の冷凍庫型サウナ。室内は氷点下の世界であるが、比較的ソフトに体を冷やしてくれるため、実は水風呂が苦手な人にオススメ。サウナ→水風呂→極冷サウナ→休憩など、温冷交代浴のバリエーションを自由に楽しむこともできる。(お)

きよめる

【清める】

サウナ室に入る前に、身体を洗い流すこと。サウナ施設を清潔に利用するための他者への配慮という面と、洗体に集中することでこれから始めるサウナに対して心を整えるという精神的な面がある。『魏志倭人伝』には、3世紀ごろの禊(みそぎ)の姿が描かれている。日本では、神に祈る時や死者を送る時などに、沐浴をして心身を清める風習があった。日本人が水風呂に特別なこだわりを示すのは、受け継がれた禊文化のDNAによるものかもしれない。(中)

キングスサウナ

スーパー銭湯チェーン〈おふろの王様〉各

店舗における大型ドライサウナ。なお、別の店舗では「灼熱」、「暖炉の間」の名称もある。(は)

きんれいほう
【金冷法】
温冷交代浴を繰り返すことで、精力の増進を促し精子の質を高めるという発想。2023年3月に閉館した東京都・世田谷区〈そしがや温泉21〉冷凍サウナ内の掲示物に、その効用として記載されていた。冷凍サウナは〈日本システム産業株式会社〉製(は)

ぐうぜんさん
【偶然さん】
『マンガ サ道』に登場するサウナ好きの営業マン。サウナの話になると止まらず、サウナで出会った時の「偶然、偶然!」という口癖から、「偶然さん」というあだ名がついた。ナカタの問いかけに対し、いつもいい加減な応えをしてはイケメン蒸し男に制されている。ドラマ『サ道』では、俳優の三宅弘城が演じている。転じて、サウナ施設で知人とばったり遭遇することを指す。(草)
→『サ道』

クーラーボックス
〔cooler box〕
持ち込んだドリンクや館内で購入した飲み物を冷やしておける、気の利いた設備。東京都・墨田区〈黄金湯〉や埼玉県・草加市〈湯乃泉 草加健康センター〉などで見られ、冷えた飲み物が好きな人や暑い日にサウナに入りに来た人を癒している。(S)

クールサウナ
〔cool sauna〕
静岡県の冷凍冷蔵庫メーカー〈サンセイ冷熱株式会社〉が提供する−10℃の小屋型サウナ。体をやさしく冷やしていくため、循環器系に負担があるとされる水風呂に代わるマイルドな冷浴法として同社は推奨している。(お)

クールスイング
〔cool swing〕
サウナ後、休憩中にアウフギーサーが涼風を扇いでくれること。先程までの焼けるような熱風とのギャップに、ついうっとりしてしまう。(編)

クールダウン
〔cool down〕
サウナで火照った体を冷やすための行為全般をいう。冷水シャワーや水風呂、外気浴などで行うが、寒冷地域では凍った湖に穴を開けて飛び込んだり、雪の中にダイブして体をうずめたりと、クールダウンにも様々なやり方がある。良いクールダウンが良いととのいを生むといっても過言ではなく、サウナーは与えられた環境に合わせた最良のクールダウン法を常に追及している。(お)
→アヴァント、雪ダイブ

グエルスチームサウナ
〔Guell steam sauna〕
大阪府・大阪市〈サウナ&カプセルホテル

アムザ〉のスチームサウナ。スペイン・バルセロナにあるアントニ・ガウディの作品群のひとつで、グエル公園を模した色鮮やかなタイルがデザインされている。(は)

クライオサウナ

〔Cryo sauna〕

スロバニア共和国のクリオメッド社が開発した、−110〜190℃の超低温サウナのこと。一人用の円筒状マシンに首から上を出した状態で入り、そこから液体窒素による超低温環境下で約3分、身体を冷却する。肉体回復やアンチエイジングの効果が期待され、海外のアスリートやセレブを中心に人気となり、クライオセラピーと呼ばれている。(お)

クラウドファンディング

〔crowdfunding〕

インターネットを介して、不特定多数の人々から事業の出資を募る手法のこと。クラウドファンディングは資金の調達のみでなく、事業の宣伝効果や開業前からのファン獲得など多くのメリットが期待できるため、サウナ界隈においても積極的に活用されている。約1,600万円を調達し新規開業した東京都・新宿区の会員制サウナ〈Boutique Sauna ARCH〉や、大改装リニューアルで生まれ変わった中野区の銭湯〈松本湯〉など、サウナーの愛ある出資で夢の実現に至ったクラウドファンディング事例が多数。(お)

クラシックサウナ

〔classic sauna〕

京都府・下京区〈五香湯〉のサウナ室(前室側)のこと。赤いマットが敷かれた上品な空間で、ガラスで仕切られた奥のサウナ室は激アツのボナサウナ。奥のサウナで限界を迎え、手前のサウナへ移動してしばらく出ないことを「追いサウナ」と呼ぶ。(は)

→ボナサウナ

グランピング

〔glamping〕

「豪華な」を意味する“glamorous”と“camping”を組み合わせた言葉で、ホテル並みのサービスが提供されるキャンプ体験のこと。コロナ禍においてアウトドアで感染リスクを抑えながら楽しめるレジャーとして人気が急拡大。グランピングの盛り上がりはサウナブームとも融合し、サウナ付き施設が続々登場。キ

ャンプ施設内に共用のサウナ小屋が設置されているパターンや、各棟にプライベートサウナが付帯するパターンのほか、埼玉県・比企郡〈グランピング&テルマー湯 東松山滑川店〉のように、グランピング施設と温浴施設が併設するパターンなど様々。アウトドアの開放感の中でサウナを楽しみながら、優雅にキャンプ。グランピングとサウナの相乗効果は抜群だ。(お)
→キャンプ

グラン・ブルー

〔Le Grand Bleu〕
水風呂のこと。映画『グラン・ブルー』にちなんで〈湯らっくす〉社長が命名。(編)

グループサウナ

〔group sauna〕
グループでの貸切利用が可能なサウナのこと。東京都・港区〈Ledian Spa〉のような、水着着用・混浴でグループ利用できるサウナや、渋谷区〈天空のアジト マルシンスパ〉のように、水風呂などの浴室設備は他の客と共用しつつ、専用のサウナ室を別に設けるパターンも。およそ相場として、2〜3時間の貸切利用で1名5,000〜10,000円程度とやや値は張るが、サウナブームで混雑する施設も多い中で、気の置けない仲間とゆっくりサウナを楽しみたいニーズに応える形で、グループサウナは数を増やしている。居酒屋に代わる友人との遊び場としても利用できる。(お)
→着衣混浴、ドラクエ

グルシン

水風呂の水温が一桁台であること。もともと水温一桁台を「シングル」と呼んでいたが、業界用語的にアナグラムされ「グルシン」と呼ばれるように。強烈な体感温度のため、喜ぶサウナーと眉を顰めるサウナーの二手に別れる。(草)

くろゆみずぶろ

【黒湯水風呂】
黒色や黒褐色の源泉あるいは温泉を使った水風呂。黒湯水風呂は、サウナー垂涎の水風呂である(水風呂には決して涎を垂らしてはならない)。黒湯とは、石炭になるほど炭化していない泥炭層や、最も石炭化の度合いが低い亜炭層からくみ上げた海洋性の温泉をいう。フミン酸などの植物起源の有機質を多く含むため、粘性があり、上がった後のツルスベを実感できる。また、海洋性の温泉であるため、火山性の温泉と異なり源泉の温度が低い。この性質を逆手にとり、黒湯を水風呂として利用した施設に東京都・品川区〈武蔵小山温泉 清水湯〉や同区〈戸越銀座温泉〉がある。(中)

げしさい

【夏至祭】

一年で最も日の長い夏至をお祝いするお祭り。フィンランドでは、湖のそばでかがり火(コッコ)を焚いてコテージで寛いだり、サウナに入ったりするのが特徴。(編)

げそくばこ

【下足箱】

多くの施設では、鍵付き下足箱へ靴を入れ、鍵を抜き取って入館する。このとき、靴の重みによって初めて鍵を回すことが可能となるタイプもあるが、パンプスなどでは重さが足りないため、静岡県・熱海市〈オーシャンスパFuua〉のようにご丁寧に「下足箱用のおもり」が用意されている施設もある。抜き取った鍵は、受付へ差し出すことでロッカーキーと交換されることが多い。靴を「人質」にすることで、ロッカーキー持ち帰り抑止の効果がある。昔ながらの銭湯では、木札を差し込むタイプの錠も残っている。なお、岐阜県・大垣市〈大垣サウナ〉のように、入場時に受付スタッフが靴を預かるケースも存在する。(編)

けつあつ

【血圧】

血液が流れる勢いのことで、サウナ室で下がり、水風呂で上がり、休憩で元に戻る。サウナ室では、急いで熱を逃がそうと血液が身体の表面に集中する。心臓の血液量が減り、鼓動一回あたりの量も減るため、血圧は下がる。一方で水風呂は冷たく、身体の表面に集中していた血液は、体温を維持するために中心に向かって移動する。心臓の血液量が増えるため、血圧は上がる。(中)

けつやき

【ケツ焼き】

サウナ室の座面がアツアツで、臀部を火傷してしまうのではないかと思うほどの状態。サウナマットやビート板を敷くことである程度防ぐことができるが、神奈川県・鎌倉市〈ひばり湯〉のサウナ室では、マットが敷かれているにも関わらず、下から焼かれているような感覚を味わうことができる。通称「ケツ焼きサウナ ヒバリーヒルズ」。(は)

ケロ

〔kelo〕

フィンランドやロシアの北極圏エリアで採取される高級木材。樹齢200年を超えるパイン(松の木)が立ったまま枯れたもので、その希少性から「幻の木材」や「木の宝石」と呼ばれる。ケロ材を使ったサウナは、優しく包み込むような温かさ、銀色に輝く木肌の美しさ、そして甘く柔らかい香りが楽しめる一級品で、一度入ると忘れられない魅力を持つ。国内では、千葉県・浦安市〈スパ&ホテル 舞浜ユーラシア〉や静岡県・裾野市〈サーマルクライムスタジオ富士〉、兵庫県・神戸市〈神戸サウナ&スパ〉、東京都・港区〈サウナ東京〉などで、ケロサウナにお目にかかることができる。(お)

げんきろ

【元気炉】

アーティスト・栗林隆による異形のサウナ型アート作品。様々な薬草を釜で炊いて発生させた蒸気をパイプで室内に送り込むスチームサウナ形式で、香り豊かで真っ白なスチームは、目の前が全く見えなくなるほど濃厚。更に、煎じた薬草をそのまま使って提供される薬草茶は五臓六腑に強烈に染み渡る格別さで、まさに全身でサウナを通じたアートと薬草文化を体感することができる。筆者も元気炉体験でスチームサウナの概念を大きく変えられた。元気炉の初号機は、2020年に富山県・下新川郡〈下山芸術の森 発電所美術館〉で発表され、その後も栃木県・宇都宮市〈大谷石地下採掘場跡〉や東京都・渋谷区〈恵比寿ガーデンプレイス〉、ドイツ・カッセルの国際美術展〈ドクメンタ15〉にて後続作品を展示。日本にある原子炉と同じ55基まで制作される予定。(お)

→スチームサウナ

けんこうせいけつそしてやすらぎを

【健康 清潔 そしてやすらぎを】

愛知県・豊橋市〈サウナピア〉が掲げるモットー。昭和ストロングスタイルと、快適さを追求した細かなアップデートを両立する稀有な施設である。(編)

→昭和ストロング

けんこうらんど

【健康ランド】

駐車場を完備した巨大な施設内に、薬湯や打たせ湯など様々な種類の風呂やサウナ、食堂、マッサージ、カラオケ、ゲームコーナーなどの娯楽施設を有する、日本の大規模な公衆浴場。別の呼び名で「健康センター」「クアハウス」「スパ」などがある。1955年に登場した千葉県・船橋市〈船橋ヘルスセンター〉(1977年廃業)が健康ランドの嚆矢とされているが、当時は「ヘルスセンター」と呼ばれることが多く、実際には「健康ランド」ではない。1980年に神奈川県・座間市に〈相模健康センター〉(2021年廃業)が開業。次に1985年に開業した愛知県・小牧市〈小牧健康ランド〉(2018年廃業)が「健康ランド」を名乗ると、徐々に全国区に広がっていく。高齢者含めた家族連れファミリー層を対象としており、比較的長い時間を施設内で滞在し、楽しめるように設計されている。サウナポータルサイト〈サウナイキタイ〉によれば、現在「健康ランド」を名前で名乗っているサウナ付きの施設は日本全国で21ある(2023年7月現在)。(草)

げんせんかけながし

【源泉掛け流し】

循環ろ過設備を使用せず、源泉である温泉

水を浴槽に流し、溢れさせること。加水や加温、消毒の有無など、地域によって定義が異なる。加水や加温などをしていない源泉は「源泉100%」となるが、湯あたりや衛生面などを考慮すると好みが分かれるところでもある。(は)

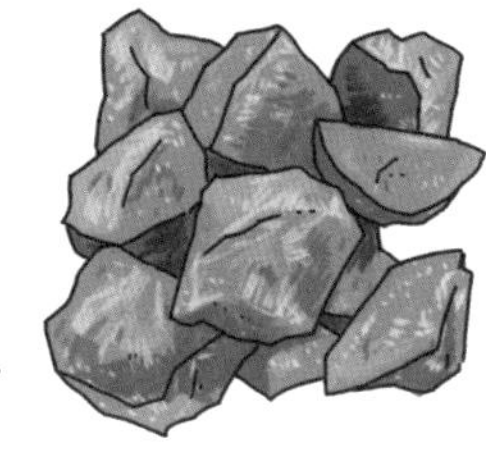

こうかせき

【香花石】

サウナストーンといえば香花石。マグマが冷えて固まった火成岩の一種で、フィンランド全土で採掘される最も ポピュラーな岩石。熱に強く、変形しにくい性質を持つ。(大)

→サウナストーン

こうしゅうさうな

【公衆サウナ】〔yleinen sauna〕

主にフィンランドにおいて、見知らぬ人同士が同室でサウナ浴を行える場所、施設。「フィンランド版銭湯」のようなサウナのこと。金額も安価で、基本的に誰でも入ることができるサウナである。19世紀後半からフィンランド国内に出現した公衆サウナは、1940年代終盤から50年代序盤には首都・ヘルシンキだけでも120軒を超えていたといわれている。以降住宅内へのサウナ普及により衰退の一途をたどり、2000年直前にはヘルシンキ市内での営業店舗が3軒まで減少した。だが、現在ではその価値が見直され、新たな公衆サウナが続々登場するとともに、いつでも無料で利用できる〈ソンパサウナ〉のような独自の文化まで誕生している。(草)

こうかんしんけい

【交感神経】

自律神経のひとつで、興奮の刺激を伝え、身体を活動モードに導く働きを持つ。高温のサウナと低温の水風呂による刺激で、交感神経が優位に働くと身体が活動モードになる。その後の休憩によるリラックス状態で、副交感神経優位に切り替わっていくことで「ととのう」状態が生まれるといわれている。サウナーは、ととのいを追い求めて、意図的に自律神経をコントロールする術を身に付けているといえる。(お)

→ととのう

こうしゅうよくじょう

【公衆浴場】

公衆で利用することのできる入浴施設のこと。日本では公衆浴場法により、保健衛生上必要な入浴を提供する「一般公衆浴場」(銭湯など)と、保養・休養を目的とした「その他の公衆浴場」(スーパー銭湯やサウナ施設など)に分類される。家庭内での入浴環境の改善により、「保健衛生上必要な」という点では需要が低くなってきている。しかし、公衆浴場には、裸の付き合いによる地域のゆるやかな交流を醸成する効果があり、近年見直され始めている。このムーブメントは、フィンランドの公衆サウナにも通じるものがある。(中)

こうしゅうよくじょうほう

【公衆浴場法】

1948年に制定された、公衆浴場経営についての法律。厚生労働省が所管。サウナ施設を開業する際には、公衆浴場法に基づく要件を満たした上で、都道府県知事や保健所設置市の市長の許可を受けなければならない。安全面や衛生面などの品質確保のために法律の順守は当然必要であるが、近年、サウナの楽しみ方が多様化していく中で、同法の制約によって斬新なサウナ施設がなかなか作れないといった嘆きの声もまた存在する。(お)

こうじょう

【口上】

熱波師がアウフグース前にイベントの概要や注意事項を説明すること。主にロウリュの効能やサウナ室の体感温度が上昇すること、無理をしないことなどが伝えられる。各施設や熱波師によって口上が異なり、その違いを味わうのも醍醐味である。(は)

→アウフグース、熱波師

こうたくん

【香太くん】

〈健美薬湯株式会社〉が販売するドライサウナ用のタブレット状芳香剤。天然ヒノキ精油の香りがサウナ室内に充満し、12時間継続する。麻袋などに入れて吊るされたり、床に直置きされたりすることも。〈ドーミーイン〉系列のサウナではお馴染みである。(は)

ごうもん

【拷問】

灼熱の部屋に閉じ込められ、氷の湖に放り出される。サウナに縁のない人にとって、それは拷問に見えるだろう。サウナーはマゾ気質の人が多いのかもしれない。(編)

→漬ける

こーひーさうな

【珈琲サウナ】

サウナストーブの傍に盛り塩のように珈琲の粉を置き、ほんのりビターな香りを楽しむ変わり種サウナ。京都府・京都市〈むらさき湯〉で不定期に実施される。珈琲サウナのほかにも「ほうじ茶サウナ」「い草ウナ」などのイベントを催したり、浴室内や脱衣所の至る所に謎解きクイズを掲載するなど、ユニークな取り組みで客を楽しませる

愛され銭湯である。（お）

こおりろうりゅ

【氷ロウリュ】

アロマ水を凍らせた氷をストーブの上に乗せ、緩やかなロウリュを楽しむイベント。東京都・大田区〈蒲田ガーデンサウナ〉や神奈川県・川崎市〈レックスイン川崎〉などで開催。キューゲルよりもサイズが大きいため、より長く蒸気と香りを楽しむことができる。（は）

→キューゲル

『ゴールデンカムイ』

〔GOLDEN KAMUY〕

明治末期の北海道・樺太を舞台として、金塊をめぐる争奪戦を描いたマンガ（2014〜2022年、週刊ヤングジャンプ）。2018年にはアニメ化もされている。アイヌ文化の深掘りや北海道・樺太をめぐるロードムービー的な要素もあり、読者の知的好奇心をくすぐる。単行本15巻、アニメ26話、ロシア領の樺太で、サウナーなら必見の話がある。主人公・杉元らが野生のクズリに襲われ、逃げ延びてたどり着いたのは、ロシアのサウナ小屋「バーニャ」。全裸の男たちが灼熱の「バーニャ」の中で「ヴェーニク」でしばき合い、極寒の湖で「アヴァント」をし、凍えてまた「バーニャ」に戻る。皆で声を揃えた決め台詞「バーニャ！！」のシーンは、何故かとても心に残る。（中）

→アヴァント、ヴェーニク、バーニャ

コーレマイネン

（ユホ・ピエタリ・"ハンネス"・コーレマイネン）

〔Juho Pietari "Hannes" Kolehmainen〕

（1889-1966）フィンランドの湖水地帯である、クオピオ出身の陸上競技選手。走者として知られる兄と幼い頃からトレーニングをはじめ、徐々に才能を開花。第5回オリンピック競技大会である1912年〈ストックホルム・オリンピック〉では、長距離3種目（5000m、1万m、クロスカントリーの個人競技）を制し、団体競技では3000mの個人世界記録を樹立するという、大記録を達成した。1920年、ベルギーで行われた第7回大会〈アントワープ・オリンピック〉のマラソンコースは、オリンピック史上最長の42.75kmだった。コーレマイネンはレース中盤でトップに立つと、陸上競技男子マラソンで2度目となる金メダルを獲得。当時のアマチュアランナーの世界記録で優勝した。偉大なフィンランド人の長距離ランナーにつけられるニックネーム「フライング・フィン」の元祖ともいうべき選手である。

コーレマイネンが「私が優勝できたのはハードトレーニングとサウナのおかげだ」と発言したことが、全世界にフィンランドの「サウナ」という言葉を知らしめた最初だと『アサヒグラフ』増刊（1991年10月号）

の那須ゆかりによる「日本のスポーツ・サウナ史」に書かれている。原典はフィンランドのスポーツ誌にあるようで、Andrew Boyd Hutchinson著“The Complete History of Cross-Country Running: From the Nineteenth Century to the Present Day”という洋書に、次のようなコーレマイネンの発言が引用されている。

> “work,healthy life, good sleep, fresh air, suitable nourishment, regular sauna baths, gymnastic exercises, massage, lots of moving about in open air,and runnning based on theoretical and empirical research-those were the magic tricks that carried Hannes Kolezhmainen to Olympic glory," suomen Urheilulehti (the leading (the leading Finnish sports magazine of the time) suggested as the Stockholm Olympics drew near.

「仕事、健康的な生活、良質な睡眠、新鮮な空気、適切な栄養、定期的なサウナ入浴、体操、マッサージ、屋外での運動、理論的・経験的な研究に基づくランニング、これらはハンネス・コーレマイネンをオリンピックの栄光に導く魔法のようなものだった」と、ストックホルム・オリンピックが近づくと、“suomen Urheilulehti”(当時のフィンランドの代表的なスポーツ雑誌)は示唆していた。“suomen Urheilulehti”とは、1898年3月に創刊され、現在も刊行されている世界で2番目に古いスポーツ誌『ウルヘイルレヘティ』のこと。コーレマイネンの「サウナ」発言は『ウルヘイルレヘティ』に掲出され、世界に広がったのだろう。つまり、1912年の〈ストックホルム・オリンピック〉以前から、コーレマイネンは自身のトレーニング方法を確立し、サウナを発信していたということになる。(草)

こくさいさうなかいぎ

【国際サウナ会議】

国際サウナ協会(ISA)が主催する、4年に1度開催される会議。世界各国のサウナに関する医療やビジネス、テクノロジー、文化などのトピックがプレゼンテーションされ、マジメで、かつ、サウナのごとく熱い議論が交わされる。2022年にドイツで開催された第18回大会では、日本代表として〈サウナイキタイ〉の運営チームが、「日本のオンラインサウナコミュニティがどのようにサウナの熱量を加速させてきたか」というタイトルで発表した。詳細は〈サウナイキタイ〉のWebサイトに記事が掲載されている。(中)

こくさいさうなきょうかい

【国際サウナ協会】

“International Sauna Association”のこと。通称ISA。各国のサウナ協会や団体、個人からなる組織で、1958年にドイツで設立。1977年にフィンランドに拠点が移り、本格的な活動を開始する。設立国は、オーストリア、ドイツ、フィンランド、日本の4カ国である。会長は継続してフィンランドが務める。ISAが掲げる目標は、サウナの利用を世界規模で促進すること。そのため、社会史や民俗学、医学、技術などの観点からサウナの科学的研究の推進をすると共に、サウナに関する文献を広く収集している。Webページには各種研究機関へのリンクを掲載しており、サウナに関する新鮮な研究を参照することができる。(中)

ここでうんちをしないでください

【ここでウンチをしないでください】

北海道・札幌市〈天然温泉あしべ屯田〉の小便器に貼られている警告文。何者かが小便器にウンチをしたのだろうか……謎が深まる掲示物だ。(草)

こさ

【個サ】

→個室サウナ

こしつさうな

【個室サウナ】

1名から少人数で入れるサウナ。略称「個サ」。2020年11月オープンした東京都・新宿区の個室サウナ専門店〈ソロサウナtune〉が話題を呼び、類似施設が相次いでオープン。全国に一気に広がった。そもそも、いつ誰が最初に個室サウナをオープンさせたのかは定かではないが、北海道・帯広市には1976年に開業し、現在も営業している温泉付きのシブい個室サウナ施設〈ローマの泉〉がある。(草)

ことわざ

【諺】

フィンランドにはサウナにまつわることわざが多くある。「サウナは最も平等な場所である」「サウナでは教会にいるように振舞わなければならない」「サウナは万人に健康をもたらす」「病人がサウナで回復しなければ万事休す」「白樺のウィスクがないサウナ室は塩の入っていない料理に等しい」「サウナのない家はホームにならない」「女性が一番美しいのはサウナを出た後の1時間後である」など。(中)

このみうじとし

【許斐氏利】

(1912-1980) 日本最初のサウナ施設といわれる〈東京温泉〉の経営者。クレー射撃選手、特殊株主、興行師、隻流館初代理事長でもあった。戦時中は100名の特務機関員を率いて上海とハノイで暗躍。戦後は1951年、堀久作らの出資のもと、銀座松坂屋裏にマッサージ嬢を配した一大ヘルスセンター〈東京温泉〉を開業。「ミストルコ」と呼ばれた女性たちがマッサージサービスを行い、日本における「トルコ風呂」の元祖となる。クレー射撃選手として1956年〈メルボルンオリンピック〉に出場。その際にフィンランドの選手が持ち込んだフィンランドサウナにヒントを得て、1957年に〈東京温泉〉内に模倣したサウナ風呂を設置。これが日本における最初のサウナとなった。1978年

に社長を退任。1980年、胃癌で死去した。（草）

→東京温泉、トルコ風呂

コミュニティセントウ

〔community sento〕

1982年から東京都で推進された、衛生施設としての銭湯の確保と地域住民の身近な触れ合いの場づくりを目指し、地域の集会施設を併設した銭湯のこと。『厚生白書』（平成元年版）には、6軒が存在するとの記載あり。レトロな趣のロゴが特徴的で、東京都・武蔵野市〈境南浴場〉などで看板が確認できる。（は）

ころなうぃんたーさうな

〔CORONA WINTER SAUNA〕

東京R不動産と東京ピストルが運営していたイベントパーク〈下北沢ケージ〉にて、2017年と2019年の2回に渡って開催された屋外サウナイベント。本格的なフィンランド式テントサウナや、広々とした水風呂と外気浴スペースも設備に加えて、入浴後には併設の飲食店〈ロンヴァクアン〉で「サウナ飯」を提供するなど、「ととのう」ことにこだわったコンテンツをデザインセンスよく提供し、現在のサウナイベント、サウナブームの先鞭となった。高知県・高知市〈SAUNA グリンピア〉は、本イベントに影響を受けてサウナを作ったことを公言している。（草）

コワーキングサウナ

〔coworking sauna〕

サウナ付きの共用型の仕事スペースのこと。リモートワークが当たり前になった昨今、需要が急拡大しており、東京都・杉並区〈LifeWork〉に併設する〈ROOFTOP〉や、中央区〈グッドサウナ〉など、コワーキングスペースにサウナを組み合わせたサービスも増加中。仕事の合間に息抜きで「1セットしちゃおうかな」と、働くサウナー各位もお世話になっているのではないだろうか。また、東京都・豊島区〈サウナ＆ホテルかるまる池袋〉や神奈川県・横浜市〈スカイスパYOKOHAMA〉のように、温浴施設内のコワーキング環境を充実させる流れも見られる。（お）

コンディション

〔condition〕

サウナ室内の状態のこと。主に温度、湿度、熱の伝わり方、換気などの要素でコンディションが決まる。良いコンディションというのは人によって様々であるが、これらの目には見えない要素から施設それぞれのこだわりを感じたり、自分好みのコンディションを探求したりするのも、サウナの楽しみ方のひとつである。(お)

コンフォートサウナ

〔confort sauna〕

遠赤外線のガスストーブの上に、水やアロマ水を入れた蒸発皿やヤカンを置くことで快適な湿度を保ったサウナ。とはいえ、ガスストーブのみでヤカンなどが置かれていないサウナも「コンフォートサウナ」を自称していることもあるため、定義は曖昧である。(は)

→遠赤外線サウナ

こんよく

【混浴】

男女が一緒に入浴すること。旅館・ホテルの客室内に設置されたサウナであれば裸での混浴が可能だが、通常のサウナ施設ではそうはいかない。ただし、水着着用であれば、アウトドアのテントサウナイベントや一部の貸切型サウナ、温浴施設では神奈川県・大磯町〈大磯プリンスホテル THERMAL SPA S.WAVE〉や東京都・練馬区〈バーデと天然温泉 豊島園 庭の湯〉などで、混浴サウナが楽しめる。なお、公衆浴場における「混浴」の定義については、各自治体で条例の解釈がまちまちで、同じ条件下でも「○○区では水着混浴サウナOKだが、XX区ではNG」といった具合なのが実態。サウナの多様化に法整備がまだ追いついていないともいえる。ちなみに、ドイツのサウナ施設では男女全裸混浴が普通である。(お)

→着衣混浴

サ

言わずもがな、サウナのこと。サウナーがやたら敏感に反応する一文字。(編)

→見える見える

さいだんしつ

【採暖室】

プール施設などに設置されている、50℃前後の優しい温度の部屋。利用者の体を冷やさないことを目的としたプールの付帯設備の扱いとなっているため、サウナとは異なり法律上の「浴場」には該当しない。コロナ禍においては、感染拡大防止の観点から利用を中止する施設も多かったが徐々に緩和され、利用者の体を温めるだけでなく、交流を生むコミュニティスペースの役割を取り戻しつつある。(お)

サウナ

〔sauna〕

至極簡単に定義すれば、ストーブの火力で熱した石を使って入浴する浴室、小屋または施設、建築物のこと。蒸気と熱で汗をかいて入浴する。広く世界に知られているフィンランド語のひとつ。“sauna”(サウナ)の語源について、日本サウナ・スパ協会の技術顧問である中山眞喜男は『サウナあれこれ』(公益社団法人日本サウナ・スパ協会)に次のように書いている。

> サウナの語原は一説によればサーミ人の言葉である「サウン」からきており、意味は「ラップランドの鳥のための雪のくぼ地」だそうです。これがサウナという言葉の源で、数千年前には「雪の中の安全なくぼ地」を指し、以来変わることなく、サウナは内から外から寒さを防いでくれる場所となったようです。

寒風吹き荒ぶ北欧の世界において、冷たい風を避けられる何よりも大切な場所がくぼ地(凹んだ土地)だった。だからこそフィンランドに住む人々は暖かいくぼ地を探し、その場所を聖なる場所として崇めて定住し、その土地を守った。そしてそのくぼ地を「サウナ」と呼んだのだ。古のフィンランド人は、住むべき土地に家を建てるよりも先に、暖を取れる場所(サウナ)をまず建てて住んでいた。サウナ(くぼ地)にサウナ(暖のとれる家屋)を建てていたのだ。またフィンランドでは、かつては出産や葬儀をサウナ室で

行っていたことでも知られている。それは「雪の中の安全なくぼ地」がいかに生命の源だったのか教えてくれている。生まれ、命を守り、死んでいく場所。人生のすべてが濃縮された場所がサウナであったのだ。そんな場所が現在では世界中の人に愛される施設となったことは、誠に不思議な話ではないだろうか。(草)

サウナー

〔saunner〕

サウナ愛好家の意味。主に週に一度以上サウナを利用している人が自称することが多い。私物のサウナハットやこだわりのグッズをサウナ室に持ち込んだり、サウナ関連のTシャツやバックなどを持っていたりすることから、一目で「なかなかのサウナー」と判別する人も。ちなみに小学館から刊行されている日本初のサウナ専門誌が『saunner』という名前でもある。(草)

→サウニスト

サウナーオブザイヤー

〔saunner of the year〕

サウナで汗をかくだけに留まらず、「プロサウナー」としてサウナのために汗をかき、サウナ啓蒙活動に貢献した11名(団体・企業)をサウナー専用ブランドのTTNEが年に一度11月11日に表彰する賞。2018年からWebサイト上で発表されているが、審査方法などを公開しておらず、どういった経緯で選ばれるのかは不明・非公表となっている。(草)

さうなあたためせんしゅけん

【サウナ温め選手権】

フィンランド・ユヴァスキュラ地区で、毎年7月初旬に開かれるサウナの祭典「サウナ・リージョン・ウィーク」中に行われる名物イベント。3人1組のチームで、薪ストーブを使ってテントサウナを規定の温度まで最も早く温めたチームが勝利となる。2019年にはフィンランドとの友好100周年を記念した日本大会が開催され、お笑い芸人のヒロシ、ウエストランド河本、ベアーズ島田キャンプの「チーム焚火会」が参加し、優勝をかっさらった。「チーム焚火会」はその後、フィンランドでの本戦に出場したものの惜しくも敗退。忍者のコスプレで参戦したが、フィンランド人は誰も忍者を知らなかったとか……。(お)

→ロウリュ投げ選手権

さうなーのおにいさんへ

【サウナーのお兄さんへ】

岐阜県・岐阜市〈新岐阜サウナ〉の脱衣所にある掲示物。「あのね、この場所はみんなで使う静かな場所 だから携帯使っちゃダメなの…いい? よろしくね」と、やさしく呼びかけてくれる。何かと忙しい日々、サウナの間ぐらいスマホを手放したいものだ。(編)

→デジタルデトックス

サウナアロマ

〔sauna aroma〕

ロウリュ時の水に混ぜることで、蒸気と共に広がる香りを楽しむサウナ用アロマオイル。フィンランドでは、白樺やユーカリ、木(もく)タールなどが定番の香りで、日本でもヒノキやクロモジといった国産サウナアロマが作られている。アウフグースの際に用いられることも多く、サウナ室に香りで彩りを添え、空間を演出するのに欠かせないアイテムである。(お)

サウナイキタイ

〔SAUNA IKITAI〕

国内最大のサウナポータルサイト。2017年、4人のサウナ好き有志がスタートさせ、現在では約1万施設の登録がある。サウナ室の収容人数からストーブ、水風呂の温度、テレビの有無、休憩椅子の数まで、詳細なデータが最大の魅力。2022年10月にドイツで開催された国際サウナ会議では、日本代表として登壇。膨大なデータベースとサ活の熱量を世界の人たちに紹介、世界中のサウナーに衝撃を与えた。ちなみに、サイトに登場するイラスト、よだれを垂らした2人の名前は「よだれ兄弟」。(草)

さうながいこう

【サウナ外交】

サウナ室の中で、議論や交渉などの外交活動を行うこと。フィンランドは、各国の駐在大使館に設置したサウナに客人を招いて外交に活用することで知られる。またロシアもサウナ外交が盛んで、1997年、当時のエリツィン大統領が橋本龍太郎首相との首脳会談の際、自身が所有するサウナに橋本を招待する計画があったという逸話もある。サウナ室で隣り合って共に汗を流し、文字通り裸の付き合いをすることが外交活動にどれだけ有用か。サウナーなら言わずもがなだろう。(お)

サウナキー

〔sauna key〕

サウナ室のドアに空いている穴に引っ掛け、ドアを開けるための鍵(フック)。主にサウナ利用が別料金となる銭湯で、風呂だけの料金を支払った客がサウナを利用する不正入場を避けるため、サウナ室のドアノブの代わりに使われる。フックに紐がついており、手首に巻き付けて持ち歩くスタイルが一般的。いつ頃に導入され広がったのか、歴史

的な経緯は不明。鉄製やプラスチック製など、お店によって色や形状が異なる。(草)
→盗みサウナ

サウナグッズ
〔sauna goods〕
施設ごとのオリジナル商品。サウナハットやタオル、Tシャツ、トートバッグなど実用性の高いものから、ステッカーやキーホルダーなどコレクション心をくすぐるものまで、多岐に渡る。サ旅のお土産としても喜ばれる。(編)

さうなけいさつ
【サウナ警察】
サウナマットやタオルをお尻に敷かずに座る、サウナ室でタオルを絞る、水風呂前に汗を流さない「かけず小僧」など、サウナや温浴施設で不届き者を見つけると思わず直接注意せずにはいられない人たち。別名「サウナポリス」。客同士の直接の声がけはトラブルになりがちなので、気になることがあればスタッフまで。女性サウナ室では、他の客がタオルで下半身を隠しているかどうかを目ざとくチェックする「お股警察」の目撃談も。(編)
→かけず小僧

さうなげいにん
【サウナ芸人】
サウナが大好きであることを公称し、サウナをネタに活躍するお笑い芸人のこと。代表的なサウナ芸人にマグ万平、高橋茂雄(サバンナ)、藤森慎吾(オリエンタルラジオ)、博多華丸(博多華丸・大吉)、川島明(麒麟)、やついいちろう(エレキコミック)、酒井健太(アルコ&ピース)などがいる。中にはサウナ室でのやりとりをネタにしたり、自邸や別荘にサウナを構えたりする者もいる。(草)

サウナコタ
〔sauna köta〕
サウナ小屋のこと。“köta”はフィンランドで「小屋」を意味する。埼玉県・さいたま市〈おふろ café utatane〉の浴室内にはこの名を冠した小屋があり、セルフロウリュを楽しむことができる。(編)

さうなこん
【サウナ婚】
2022年12月、サウナ界を賑わせた明るい話題があった。ポスターを見かけない日がないほど、サウナーにとって身近な女優・清水みさとと、芸能界屈指のサウナ好きの

お笑いタレント・高橋茂雄（サバンナ）の結婚報道である。サウナが先か、結婚が先か。サウナ婚が指すのは、前者である。共通の生きがいであるサウナを通じて惹かれあい、結婚へと至る。一つの理想の姿といえよう。（中）

さうなざっし

【サウナ雑誌】

サウナをテーマにした専門誌の総称。日本初のサウナ専門誌とされる『Saunner』（小学館）や『SAUNA BROS.』（東京ニュース通信社）などが挙げられる。書店では、「国内旅行」や「旅」の棚に並べられることが多い。（編）

サウナシアター

〔sauna theater〕

2021年11月、神奈川県・横浜市〈スカイスパYOKOHAMA〉に完成した大型サウナ。最大70人程度を収容することができる。〈株式会社メトス〉製のサウナヒーター「iki」を3台繋げた大型の熱源を有し、サウナストーンは600kgもの重量になる。アバチという木材を使用し、天井は高い。枕が設置されているので、寝サウナも可能。プロジェクターやスクリーン、音響を備えており、アウフグースショーを堪能できる。2022年からは〈Aufguss Championship Japan〉も開催され、アウフグース世界大会の日本代表を目指すパフォーマーにとって聖地ともいえる。（は）

→アウフグースマイスター選手権、iki

サウナ・ジャンキー

〔sauna junkie〕

中毒と呼べるほどサ活に没頭し、夢中になっている状態。サウナ→水風呂の強烈な温度差がもたらす高揚感。外気浴で一気に解き放たれて得られる恍惚感、多幸感。そして、フロー状態からの「ととのった〜！」。この非日常体験にどっぷりハマってしまい、サウナ・ジャンキーは気付けば今日も明日も明後日も、サウナに向かうのである。（お）

→サウナゾンビ

さうなしゅっちょう

【サウナ出張】

出張に合わせて、そのエリアのサウナめぐりをすること。また、サウナに行きたいがために、力技で出張を入れること。出張先では、サウナ付きのホテルビジネスホテルやカプセルホテルに宿泊するのが基本。（S）

サウナシュラン

〔saunachelin〕

毎年11月11日「ととのえの日」に発表・表彰される「サウナ界のミシュラン」とも呼

ばれる賞。サウナー専門ブランド・TTNEのサウナ啓蒙活動に賛同する様々な業界の「プロサウナー」が審査委員となり、毎年11施設をノミネート。「水風呂・外気浴スペース・ホスピタリティ・男女の有無・料金設定・清潔性・エンタテイメント性・革新性などの観点」で評価し、既存の枠に捉われず新しい試みにより、従来のイメージより新たなサウナの価値を導き出したサウナ施設を"今行くべき全国のサウナ施設"として発表・表彰している。(編)

さうなしんし

【サウナ紳士】

良マナーを徹底するサウナーたちを、敬意を込めてこう呼ぶ。「サウニストは紳士たれ」がモットー。ドイツの格言「サウナ室から自分の汗はすべて持ち帰る」を実行するなど、一般のサウナーより高いレベルでのジェントルな振る舞いを心がける。(編)

サウナスーツ

〔sauna suit〕

保温性に優れ、サウナのような発汗作用を期待できるウェア。通気を遮断することで体から発した熱をウェア内に閉じ込め、効率的に汗をかくことが可能に。(S)

サウナストーブ

〔sauna staub〕

サウナ室を温める心臓部。単に「ストーブ」とも。輻射式(遠赤外線サウナ)や対流式(ストーン型)、格納式(ボナサウナなど)に区分され、ガスや電気、薪を基本的な熱源にしている。ストーブ次第でそのサウナの印象は大きく左右されるため、お気に入りのサウナを見つけたらストーブにも注目したい。(S)

サウナストーン

〔sauna stone〕

サウナストーブの上に乗せる、専用の石。「ストーン」とも。熱せられることでサウナ室を蓄熱・保温し、水をかけてロウリュにも用いられる。サウナストーンに使われるのは、蓄熱性、耐久性に優れた天然の火成岩である香花石や、人工のセラミック製ストーン"KERKES"(ケルケス)など。なお、アウトドアでテントサウナを行う際に、拾った河原の石をサウナストーンとして代用す

るのは、石が爆ぜて大怪我に繋がる危険があるため、ダメ、絶対。(お)
→香花石

さうな・すぱけんこうあどばいざー

【サウナ・スパ健康アドバイザー】
〈公益社団法人日本サウナ・スパ協会〉が2014年に設立した認定資格。温浴施設の従業員や利用者が、サウナやスパに関する正しい知識を身につけ、サービス向上や、自身の健康増進に活用することを目指して設けられた。その上位資格としての「サウナ・スパプロフェッショナル」や、2023年に新設された「ウィスキング for ビギナーズ」などの資格もある。サウナーを自称する人は、まずはゲットしておくべき。(草)

サウナ・セウラ

〔sauna seura〕
フィンランド語で"seura"は「協会」の意味。つまり、フィンランドの「サウナ協会」を指す。また同時に、フィンランド・ヘルシンキのラウッタ島に位置する協会本部の建物や内部のサウナを指す。1937年、サウナ好きなフィンランドの男性数人の「自分たちがサウナに入れる場所がほしい」という思いにより、協会は発足。戦争により活動は頓挫するものの、1952年の〈ヘルシンキオリンピック〉を契機に盛り上がり、現在の施設が建設された。施設内には6室のサウナがあり、スモークサウナも。完全会員制で募集は1年に1回、会員2名の推薦があれば入会できる。しかしながら現在は4,000人以上に増えたため、新規募集はしていない。なお、日本人第一号会員は、サウナ機器を販売する国内大手〈メトス株式会社〉の前身である〈中山産業株式会社〉の社長だった富安商儀。フィンランドサウナ協会名誉会長であるリスト・エロマーによれば、協会の使命は大きく二つあり、一つ目は会員の人たちが良いサウナに入れるように守り育てること。二つ目はフィンランドのサウナ文化を、保存すること、継承していくこと、観測や研究をしていくこと。施設内にはサウナのみならず、食堂や世界中で書かれたサウナに関する本を集めた書庫もある。また、サウナに関する研究に助成金を出す制度や機関紙の発行、スモークサウナの保存活動などを行っている。(草)

さうなせん

【サウナ船】
海の上に浮かんで、どこまでも続く水平線を見ながらサウナを楽しめたらどれだけ最高だろうか。そんな夢のような話を現実にしてくれるサウナ船が、フィンランドやノルウェーには存在する。小さな船にサウナ小屋とバルコニーが乗っかった船を仲間と貸し切り、サウナで語らい、船の屋上からそのまま海にドボン！ その後は、日光浴や星空観賞を楽しむという。いつかはそんな時間を過ごしてみたいものだ。(お)

サウナソング

〔sauna song〕

サウナを主題として歌ったり作られたりした楽曲、またはそうした音楽のタイトル名。歌がないものは「サウナミュージック」とも呼ぶ。もっとも早いサウナソングに2002年に発表された「GO GO！！サウナ」（ゆず）がある。とにかくサウナに行きたくてたまらなくなるテンション高い楽曲は、サウナに行く前の道中にピッタリの音楽だ。2016年に発表された作曲家・とくさししんごの「MUSIC FOR SAUNA」をはじめとする一連のサウナをテーマとするアンビエントシリーズは、芸術性の高いサウナミュージックとして今も評価が高い。サウナソングはサウナブームとなった2019年を境に大幅に増え、ドラマ「サ道」の主題歌 にもなった2019年の「サウナ好きすぎ」（Cornelius）や2021年の「あびばのんのん」（Tempalay）が特に有名。2020年に発表された「SAUNA SONG」（DISH//）や2022年の「サウナソング」（DELI-ZONE）など、タイトル自体が「サウナソング」も複数存在している。

ミュージシャンは、なぜサウナに魅了されるのか。筆者が独自に調べたところ、地方などに遠征した際、「あごあしまくら付き」（食費、交通費、宿泊費）でギャラをもらうことが多いため、宿泊費を浮かすためにサウナ施設に泊まったところ、翌日の音の出方が良くなり、「これがサウナの力か…」と感銘を受けハマっていくパターンが多いのだという。また、常に腱鞘炎などの職業病に悩んでいるため、その疲労回復にも良いのだとか。なお、1998年に音楽雑誌『BREaTH』（ソニー・マガジンズ）で忌野清志郎と真心ブラザーズのYO-KINGがサウナについて対談した内容が、最も早くミュージシャンがサウナ好きを公言した記事として知られている。（草）

サウナゾンビ

〔sauna zombie〕

サウナ、水風呂、外気浴をやめられず、永遠に繰り返してしまう人。またサウナに入りすぎて意識朦朧、フラフラと浴室内をさまよい歩く人。（草）

→サウナジャンキー

サウナダファミリア

〔Saunada Familia〕

2019年に放送されたドラマ『サ道』最終回にて、熊本県・熊本市〈湯らっくす〉代表・西生吉孝が原田泰造演じるナカタアツロウと会話するシーン。「常に改善していきたいなってのがあって、サグラダファミリアみたいな、完成しないお店のサウナバージョンをぜひやりたいなって」……これぞサウナダファミリア！（編）

サウナチャンス

〔sauna chance〕

サウナに入る機会が巡ってきたことを、喜

びを込めてそう呼ぶ。時間のある時にサウナ施設の前をたまたま通りかかったタイミングや、会議時間がずれたことで空いた時間にサウナに入りに行くような、偶発的なサウナとの出会いの際に使用されることが多い。サウナポータルサイトである〈サウナイキタイ〉のグッズから広く認知された言葉。(草)

サウナチュール
〔saunature〕

サウナのアフタードリンクにナチュールワイン(自然派ワイン)を飲むこと。無農薬や有機栽培で育てられ、醸造から瓶詰まで酸化防止剤の使用をなるべく少なく抑える方法で作られたナチュールワインはフランス語で“Vin nature”(ヴァン・ナチュール)と呼ばれ、近年日本の飲食店でも評価が高い。2017年と2019年に下北沢で開催された屋外サウナイベント〈CORONA WINTER SAUNA〉で生まれ、ワイン好きのサウナーに広まった。(草)
→CORONA WINTER SAUNA

サウナデート
〔sauna date〕

カップルや夫婦がサウナを中心にデートすること。別々にサウナに入り食事処などで合流したり、男女一緒に入ることができるサウナ(水着着用の混浴エリアやプライベートサウナなど)を通じて、いつもよりリラックスした状態でデートを楽しむことができる。(S)
→着衣混浴

『さうなと』

サウナに関わる複数の著者の「人生」にフォーカスしたエッセイ集。人生とは個人が歩んできた道であり、人の数だけそれはある。一人ひとりが語るサウナに耳を傾ける、ととのう読後感。2023年5月現在、Vol.5が刊行され、Vol.1のみ電子版を入手可能。(中)

サウナトラック
〔sauna truck〕

トラックなどの車両にサウナを積み込んだ移動式のサウナ。トラックでないものは「サウナカー」とも呼ばれる。建築物に該当しないため、さまざまな行政の規制をクリアできることから急速に日本に広まった。まず2017年に気仙沼サウナクラブの本拠地、宮城県・気仙沼市にある〈唐桑御殿 つなかん〉に常設されている、「ルーメット」をベースとした牽引車両形「サウナトースタ」が誕生。2018年、1970年代のワーゲンバス(タイプII)の後部座席をまるっとサウナに改造した「サウナワゴン」が生まれ、車両を用いてサウナを作る人たちが増えてきた。やがて軽トラックにサウナを積み込む形にしたものが一大ブームになった後、徐々に大型化していく。近年では、三井不動産グループの〈株式会社ShareTomorrow〉が運営するサウナ施設〈HUBHUB〉(御徒町店ほか)に利用され、貸切型のラグジュアリーな大型サウナトラック〈KUDOCHI

Luxury sauna Truck〉（銀座店ほか）も誕生。4Tトラックの荷台部分に薪サウナと－30℃のアイスサウナを詰め込んだ〈SAUNA FREEZER（サウナフリーザー）〉（愛知県・岐阜県・三重県の東海3県が中心）まで現れ、まさにサウナトラック戦国時代といえよう。（草）

サウナネーム

〔sauna name〕

サウナ界での通名。プロレスにおけるリングネームのようなもの。基本的に誰かに命名されて名乗るようになることが多いが、自ら名乗る人もいる。有名なサウナネームに「サウナ王」「サウナ師匠」「ととのえ親方」「エレガント渡会」など。ちなみに、筆者のサウナネームは「ゴッドサウナー」（サウナ師匠による命名）。（草）

『サウナのあるところ』

2010年に公開された、フィンランドのヨーナス・バリヘルおよびミカ・ホタカイネン監督によるサウナ映画。原題は“Miesten vuoro”（男の番）、英題は“Steam of Life”（生命の蒸気）。サウナ室の中で、男たちが懺悔のように赤裸々な身の上話をしながら、汗と共に涙を流す異色のヒューマンドキュメンタリー。フィンランド人の人情とサウナデトックスの神髄に迫る名作だが、男たちの辛辣な話はずっしり重たく、劇中のシュールな情景も相まってパンチ強めの作品である。知らずに軽いノリで見てしまうと面食らうことになるので要注意。（お）

『サウナのぷりンセス』

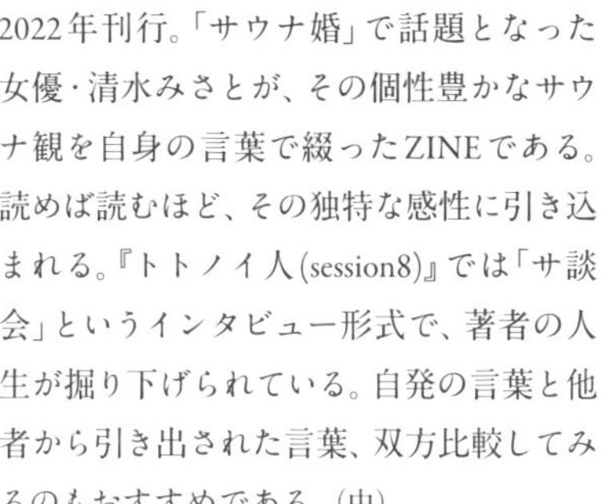

2022年刊行。「サウナ婚」で話題となった女優・清水みさとが、その個性豊かなサウナ観を自身の言葉で綴ったZINEである。読めば読むほど、その独特な感性に引き込まれる。『トトノイ人（session8）』では「サ談会」というインタビュー形式で、著者の人生が掘り下げられている。自発の言葉と他者から引き出された言葉、双方比較してみるのもおすすめである。（中）

→『トトノイ人』

サウナハット

〔sauna hut〕

サウナ室内で被る帽子。頭部を熱から守ることでのぼせを防いだり、髪や頭皮へのダメージを抑えたりするのが目的で、素材はフェルトやリネン、タオル地が主に用いられる。通常のハット型のほか、顔まですっぽり覆うタイプ、ツノが生えたバイキングヘルメットのようなユニークなタイプなど多種多様で、実用性と共にファッションとしても楽しめるアイテムである。サウナ室前に、「サウナハット掛け」が設置されていることも。一方で、浴室環境維持のためにサウナハットを禁止している施設もあるので注意されたし。（お）

サウナパンツ

〔sauna pants〕

サウナ施設内で着用するトランクス型のパンツのこと。館内着とは別だが、館内着の下着として利用している施設もある。基本的に脱衣所や浴室内に用意されており、サウナ室内で着用することが多い。客側のメリットとしては、局部を隠すことで他人の視線を避けられたり、外気浴の際に寒さを和らげたりすることが挙げられる。導入する施設としては、直接お尻が座面に触れずサウナ室の衛生を保つ効果や、館内着代わりになり客が全裸で施設内を歩き回ることを減らす効果を期待できる。水風呂に入る前に脱ぐため頻繁に交換する必要があることから、利用枚数に制限がないのが一般的。最初に導入した施設は、大阪府・大阪市〈ニュージャパン梅田〉という説がある。そのためか東日本で見かけることは少なく、西日本のサウナ施設で採用されているケースが圧倒的に多い。主にサウナをメインとしている施設に導入され、一般的なスーパー銭湯には設置されていない。(草)

サウナビール

〔sauna beer〕

サウナ後の火照った体、乾いた喉を潤す。度数の低いペールエールを好むサウナーも多い。雑誌『BRUTUS』ではサウナ特集号(2022年12月15日号)の発売に合わせ、クラフトビールメーカー〈COEDO BREWERY〉との「SAÚDE」を共同開発した。(編)

サウナビルダー

〔sauna builder〕

好きが高じて、サウナをDIYし始めた人たちのこと。理想とこだわりが詰まった、究極のサウナを追い求めている。埼玉県・川口市〈喜楽湯〉のように、従業員の手で外気浴スペースを「魔改造」してしまう施設もある。(編)

さうなぶ

【サウナ部】

2018年頃から、企業の部活動として続々誕生。アフター5や休日に連れ立ってサウナを楽しむことが活動のメインで、企業から活動資金が補助されているケースも。コロナ禍をきっかけにリモートワークが普

及したことで、サウナ施設側もコワーキングスペースを導入するなど、サウナ部が活動しやすい環境が整ってきているといえる。2019年にはサウナを通じて日本ビジネスシーンの活性化に貢献する目的で、サウナ企業連合〈JAPAN SAUNA-BU ALLIANCE〉が発足した。(編)
→コワーキングサウナ

サウナブーム

〔sauna boom〕

1964年の東京五輪で選手村に設置されたサウナ施設が評判を呼び、サウナは全国的ブームとなった。この期間は1966年の日本初のフィンランド式サウナ施設である〈スカンジナビアクラブ〉が登場し、第一次オイルショックでブームが冷める1972年まで続く。その後、スーパー銭湯の開業が相次いだ1990年代に再びサウナブームが起こり、2019年のドラマ『サ道』から始まるのが第三次ブームと一般的にいわれている。しかしながら、戦前に数々の日本人陸上選手たちがスポーツ大国フィンランドへ視察に行き、蒸し風呂を知り、彼らが記した事実がサウナの歴史書『日本サウナ史』には描かれている。さらに、同書の中では1957年に見よう見まねで日本式サウナを作った〈東京温泉〉から一定のサウナブームが出現しているのを確認しているため、以下のようにサウナブームを再定義する。

第一次サウナブーム(1924-1936):戦前の陸上選手たちが遠征や視察、オリンピックの選手村からフィンランドのサウナを知り、日本に導入しようとスポーツ選手たちが盛り上がった。第二次世界大戦が勃発し、サウナどころではなくなるまでの時期。

第二次サウナブーム(1951-1963):1951年、日本初となる大型温浴エンターテインメント施設〈東京温泉〉が、焼け野原の銀座6丁目に誕生。当初はトルコ風呂(日本伝来の「箱型」の蒸し風呂で女性がマッサージしてくれる)を売りにしていたところ、東京温泉を真似した店舗が性的サービスを行い、いつしかそちらの方が有名に。人々の中でトルコ風呂=いかがわしい場所というイメージが定着。その状況を打破すべく、1957年にトルコ風呂という名称を止め、「フィンランド式サウナ風呂」を〈東京温泉〉が打ち出す。これによって日本独自の「フィンランド式サウナ風呂」と「トルコ風呂」が混在する、歴史的には奇妙なねじれとなった謎の蒸し風呂(サウナ)ブーム期間。

第三次サウナブーム(1964-1972):1964年〈東京オリンピック〉をきっかけに、本物のフィンランドサウナに入りたいと人々が思うように。1966年のフィンランド式サウナ第一号店である〈スカンジナビアクラブ〉に端を開き、日本各地にサウナが出現。また、家庭内に風呂を持つようになると、銭湯経営者が続々とサウナを設置した。さらには、国が経営する〈国立競技場スポーツサウナ〉まで1968年にオープン。第一次オイルショックで燃料費が高騰、ブームが過ぎ去るまでの期間。

第四次サウナブーム(1988-1991):健康ランドのはしりとなった神奈川県・座間市〈相模健康センター〉がファミリーなどに盛況だったことに、デベロッパー(土地開発業者)が着目。集客コンテンツの一つとして、改めて温浴に脚光が集まる。その結果、郊外エリアの大型複合商業施設やショッピン

第一次サウナブーム
1924
1936
ベルリンオリンピック"選手村"
第二次サウナブーム
1951
1963
"東京温泉"
トルコ風呂
CENTER GINZA
東京オリンピック
第三次サウナブーム
1964
1972
じゅわああ
第四次サウナブーム
1988
1991
"ガトーキングダム・サッポロ"
第五次サウナブーム
2017
現在
ドラマ「サ道」
サ旅
ととのった
サウナ女子

グセンターに温浴施設が誕生。カラオケ、ゲームセンターや宴会場といった大人数が楽しめるコンテンツが追加され、よりエンターテインメント感を増した施設が爆誕した。特筆すべきは、1988年にオープンした北海道・札幌市〈札幌テルメ〉(1993年に〈テルメインターナショナルホテル札幌〉に名称変更、現在は〈シャトレーゼ ガトーキングダム サッポロ スパ&リゾート〉として営業)。総事業費は110億円と破格。館内には、大小13のプールに大浴場、サウナ、レストランを備え、本場ドイツ式のサウナを売りとしており、ドイツ式であるがゆえにアウフグースを日本で最初に実施したのも〈札幌テルメ〉。いまなお続く熱波やアウフグースの流れを築き上げた時代といっても過言ではない。また、スーパー銭湯の発祥となる愛知県・名古屋市〈天空SPA HILLS 竜泉寺の湯 名古屋守山本店〉も1990年にオープンしている。バブル崩壊が起こる1991年までとする。

第五次サウナブーム(2017-現在):2017年にわずか2日間だけ開催された下北沢のサウナイベント〈CORONA WINTER SAUNA SHIMOKITAZAWA〉がサウナイベントのはしりとして伝説に。この頃から起業家やタレントなどのインフルエンサーによるサウナ巡りのSNS投稿が盛り上がったことに加え、タナカカツキの『マンガサ道』が2019年にテレビドラマ化されて、さらに人気が拡大。サウナと水風呂または外気浴を交互に行う「温冷交代浴」により得られるリラックス状態を示す「ととのう」というフレーズが流行し、〈2021ユーキャン新語・流行語大賞〉にノミネート。サ活(サウナ活動)やサ旅(全国各地のサウナ施設を巡る旅)を楽しむ人々が急増した。都心にあるビルの屋上を貸し切った贅沢なサウナや、海・川・湖へ水風呂代わりに飛び込むサウナ、山奥の秘境サウナ、全国どこへでも移動できるテントサウナなど種類も多様を極め、若年層にまで浸透。各企業にサウナ部が設立されたり、大学生がサウナサークルを作るまで、サウナが広まった。また、サ女子(サウナ女子)を名乗る女性が登場するなど、女性にも影響を与えた。(草)

さうなふんすい

【サウナ噴水】

サウナストーンの上に置くグッズ。ボウル状のストーンに水やアロマ水を入れ、ストーンが温まると、中央の筒からピュッ! ピュッ! と噴水する。一定のリズムで水が飛び出る様はかわいらしく、思わずボーッと眺めてしまう癒し系グッズであると共に、サ室を快適な湿度に保ってくれる優れモノ。(お)

さうなまじん

【サウナ魔人】

無限にロウリュを繰り返し、肌が真っ赤になるまでサウナに入っている強者。主にフィンランドに生息する。(S)

サウナマット

【sauna mat】

サウナ室内で、おしりの下に敷くマット。座面を汗で汚さないよう、清潔を保つ役割がある。あらかじめ専用のタオルが敷かれているケースもあれば、入室時に備え付けのビート板を持ち込むスタイルもある。折り畳み式のマイマットを持参するサウナーも多い。(S)

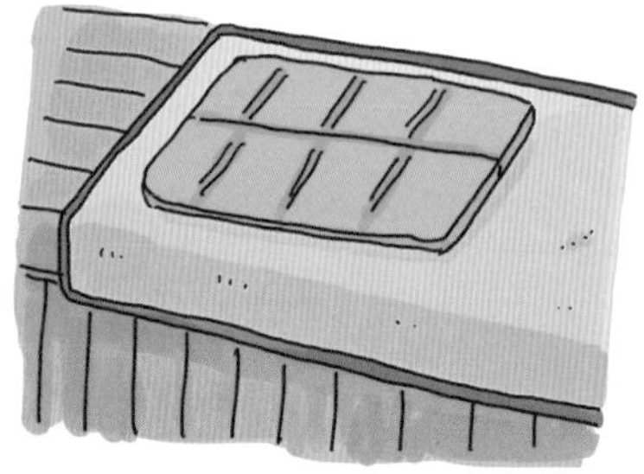

サウナみくじ

和歌山県・那智勝浦町〈大泰寺〉にある御神籤。太田川沿いにテントサイトを有しており、リバーサイドサウナを楽しみことができる。(編)

サウナメガネ

かけたままサウナに入れるメガネ。耐熱性と耐水性を備え、くもり止め加工が施されており、お風呂やサウナで何かと不便を強いられてきたメガネサウナーにとって待望のアイテム。最初に発売されたのは、〈愛眼株式会社〉の「FORゆ」。〈株式会社ジンズ〉

の「JINS SAUNA」は度数調整も可能で、普段使いにも兼用できる「サ陸両用メガネ」を謳っている。これまで見えづらかったサ室の12分計や施設内の説明書き、そして外気浴の景色がクリアになることで、より安全で快適なサ活を楽しむことができる。(お)

さうなやみいち

【サウナヤミ市】

2020年から不定期・不定会場で開催されているサウナグッズ即売会。サウナ施設や関連団体が数多く出展し、デッドストックアイテムや限定グッズが出品されることもあるため、開催日には長蛇の列ができる。(は)

サウナラー

さようならの意。そもそも、さようならの語源は「左様ならば」の「ば」を略したものであるといわれる。「(今日はこんなだったね。)左様なら(ば、次に会うときはこうでありたいよね)」、なんと接続詞以外をバッサリ省略し、相手の想像力に委ねるという荒業。しかし、サウナ後にサウナラーと別れると、不思議と同じサウナで過ごした体験がフラッシュバックするのもまた事実。(中)

さうなろせん

【サウナ路線】

佐賀県×SPRING JAPAN×JALサ旅×ご当地サウナ委員会のコラボで実現した、期間限定の航空路線である(2022年8月5日〜10月29日、成田-佐賀間)。佐賀県が観光資源で魅せ、〈スプリング・ジャパン株式会社〉がサウナ愛溢れる機内体験で楽しませ、〈日本航空株式会社〉と〈株式会社アドウェイズ・ベンチャーズ〉がプロデュースとプロモーションでサウナーと地方を繋いだ。(中)

サウニスト

〔saunist〕

サウナ好きの人のこと。「サウナー」と同意。サウナ好きを公言している小説家の浅田次郎が好んで使っている。(草)

サウン

〔saun〕

エストニアに古くから伝わる入浴文化で、「エストニアサウナ」とも。(編)

サウンドサウナ

〔sound sauna〕

東京都・渋谷区〈渋谷SAUNAS〉内にある、「音」をテーマとするサウナ。裸でコンサートホールやスピーカーの中に入り、音に包まれ振動を感じるような体験。サウナが五感を謳歌する場であることを、熱、蒸気、香り、音、振動の共演の中に再発見。特注の音響システム、室内の形状や放熱板の構造にいたるまで、すべてが「熱の対流」と「音の体験」の両立に捧げられている。(お)

さかいせき

【サ懐石】

京都府・亀岡市〈6ishiki〉でサウナ後に楽しめる懐石料理。有機京野菜をはじめとした四季折々の食事にどこまでもととのう。(編)

さがく

【サ学】

サウナを学問として捉える考えの略称。『日本サウナ史』を書いたサウナ研究家・草彅洋平が提唱し、大学機関におけるサウナの研究を目指している。サウナ文化論、サウナ社会学など、サウナに関する研究を総じて呼ぶ。(草)

さかつ

【サ活】

サウナ活動の略語。定期的にサウナに通い、温冷交代浴を試みる一連の行動を指す。また、訪問したサウナについての感想をSNSに投稿し、サウナを啓蒙することもサ活に含まれる。サウナポータルサイト〈サウナイキタイ〉には「サ活」ページが存在し、サウナに行った記録や口コミ・感想を残すことができる。そのため、自分だけの日々のサウナ記録や、初めて行った施設の感動を綴ったレポート、常連客による細かすぎる定点観測など、日本中の様々なサ活情報をチェックすることができる。(草)

さしつ
【サ室】
サウナ室の略称。建築家・谷尻誠が神奈川県・相模原市の相模湖近くのキャンプ施設〈DAICHI silent river〉に建てた茶室のようなサウナ小屋の名前も〈サ室〉である。(草)
→茶室サウナ

ざぜん
【座禅】
座禅の型は大きく2種類ある。両足を腿の上にした結跏趺坐(けっかふざ)と、片足のみ腿に上げる半跏趺坐(はんかふざ)である。座禅の型ではないが、両足とも腿から下ろした座り方が胡坐(あぐら)である。座禅では、頭を空っぽにして、ただひたすらに「今」に集中する。環境に反応する体の変化をあるがままに受け入れる。サウナ室という灼熱の閉鎖空間は、座禅と相性が良い。座禅用のクッションを坐布(ざふ)というが、サウナ室での座禅に適した「ZAF SAUNA」という製品が〈サカエ金襴株式会社〉から販売されている。(中)

さたび
【サ旅】
サウナをメインとした旅行を短く表現した言葉。観光よりもサウナ施設巡りに重点を置き、宿泊先もサウナ付きのホテルを選び、サウナ施設とご当地サ飯の無限ループを一日に何回行えるかをチャレンジする。サウナ好きでない人が気軽に同行できない旅の一つ。(草)

サップ
〔SUP, Stand Up Paddleboard〕
休憩スタイルの一つ。テントサウナ後、水風呂代わりに川へ入り、SUPを使って水上外気浴を楽しむ。波の揺れが究極のととのいを誘う。(編)

サテラシー
〔sateracy〕
サウナにおけるリテラシー。(編)
→所作

さどう
『サ道』
タナカカツキによるサウナを題材とした一連の著作物。2011年に刊行された『サ道』(PARCO出版)は、サウナにハマってゆく過程を、エッセイとイラストを交えて描く書籍だったが、やがて漫画化。『マンガ サ道〜マンガで読むサウナ道〜』が2014年42号に『モーニング』(講談社)にて読切掲載ののち、2015年7号より断続的に連載。2019年と2021年にはテレビドラマ化され、2019年以降のサウナブームを作り出すきっかけとなった。(草)
→ととのう

さなぞ
【サ謎】
東京都・上野界隈のサウナ施設合同で定期的に行われる、クイズ形式の施設巡りイベント。〈サウナ&カプセルホテル 北欧〉や〈Smart Stay SHIZUKU 上野駅前〉などが参

加。参加施設を利用し、各施設に設置されたクイズに回答することで、限定グッズや利用券などの抽選に応募できる。（は）

サバス

〔sabus〕

引退したバス車両をサウナに改造し、どこでも薪サウナが楽しめる移動式サウナ。〈株式会社リバース〉と〈サウナイキタイ〉による共同企画。兵庫県の〈神姫バス〉で実際に使用されていた車両を活用している。サウナ室の座面は、バスの座席レイアウトをそのまま生かした作りである。また、降車ボタンを押すとロウリュされるなど、遊び心も満載だ。（は）

サブスクリプション

〔subscription〕

月額や年額など定額を支払うことで、その施設で提供されるサービスを自由に使える料金体系。2023年現在、複数のサウナ施設において条件付きで入館料を賄える「SAUNA TIME PASS」や、オプションサービスを受けられる「サウナイキタイメンバーズ」などが有名。古くは江戸に「留湯（とめゆ）」という、その銭湯へ入り放題となる月額サービスがあった。私たちは「日々使うものに対して、使うたびに料金を支払うのは面倒だ」と感じる。それは、今も昔も変わらない。日本のサウナが日常的な存在になった時、革命的なサブスクリプションが生まれる……かもしれない。（中）

サフレ

〔safre〕

サウナ・フレンズ（友達）の略称。サウナへ一緒に行く仲間のことを男女問わず呼ぶ。（草）

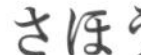

さほう

【サ法】

→所作

サマーコテージ

〔summer cotage〕

フィンランドの冬は太陽が昇らない「極夜」の域もあるように、日照時間が短いことで有名だ。その逆で夏は「白夜」といい、一日中太陽が大地を照らす。冬の暗さと夏の明るさ。フィンランド文化では夏の太陽の恵みを心から楽しむ。サマーコテージは湖畔や海岸、森林など自然に囲まれた場所に立地している、夏の休暇期間中に利用される別荘である。もちろん、フィンランドの伝統文化であるサウナが付いている施設も多い。緑の溢れる湖畔のサウナで、穏やかに過ごす生活にあこがれる。（中）

→夏至祭

サマーベッド

〔summer bed〕

海水浴やキャンプでお馴染みの、折り畳み式の簡易ベッド。メッシュ素材で通気性が良く、休憩用の椅子として設置されている施設も多い。（編）

→デッキチェア

さめし

【サ飯】

サウナ後に食べるご飯の略称。サウナ後は汗をかいたことでミネラルや水分を失っているため、それらを補うために摂取する飲料や料理のことを意味し、空腹感と舌の感覚が鋭くなることから通常よりも美味に感じる。(草)

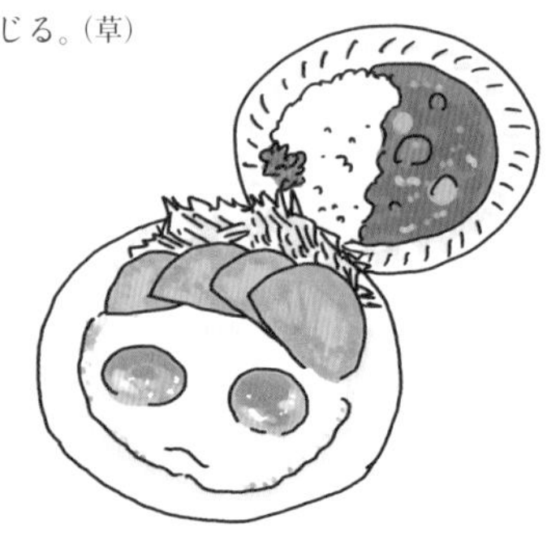

さもり

【サ守】

サウナ室を司る番人のこと。スモークサウナや薪サウナ、電気サウナなど、サウナの種類、国や地域によって仕事はそれぞれであるが、客が快適にサウナを楽しめるよう導く点は共通している。日々最良のセッティングを提供するために細かい調整を重ねる姿は、求道者そのものといえよう。埼玉県・草加市〈湯乃泉 草加健康センター〉では、サウナ室の管理を統括する責任者として、サ守が役職化されている。(お)

さんがつなのか

【3月7日】

〈公益社団法人日本サウナ・スパ協会〉が1984年に制定した「サウナの日」。日付は「サ(3)ウナ(7)」と読む語呂合わせから。当初は献血キャンペーンを実施するなど、健康のための日としてスタートしたという話もあるが、現在は満37歳の客が対象店舗でサウナに無料で入れるなどのイベントが毎年開催されている。ここからサウナーの間ではすっかり定着。「37」がサウナを表す番号として認知され、靴箱やロッカー番号の「37」をサウナー同士が奪い合うようになった。用例「あの車のナンバープレート、3737だ。重度のサウナ中毒者だろうな〜」(草)

さんすけ

【三助】

江戸時代中頃から現代における銭湯の男性従業員で、男湯・女湯で入浴客の背中を流すなどの接客サービス(「流し」という)に従事する者。薪集めや下足番から見習いが始まり、釜炊きなど数年に渡る厳しい下積みを経て「流し」デビューとなる。特に美男子の三助は、銭湯の花形として女性客にモテモテで、おひねりをたくさんもらっていたという。三助による流しは銭湯での贅沢として昭和中頃まで盛んだったが、家庭への浴室普及などに伴い、徐々に需要が減少。「日本最後の三助」と呼ばれた東京都・荒川区〈日暮里斉藤湯〉の橘秀雪(しゅうせ

つ）も、高齢のため2013年12月をもって引退した。ただ、現在もその意志を受け継いで同様のサービスを提供している施設があり、東京都・墨田区〈天然温泉 楽天地スパ〉では女性スタッフによる背中流しサービスを提供している（お）

サンダートルネード

〔thunder tornado〕

東京都・豊島区〈サウナ＆ホテル かるまる池袋〉にある水温一桁台の水風呂。通称「サントル」。深さは1m。超低温であることに加え、ジェット水流なので体感温度はかなり低い。なお隣には「やすらぎ」と呼ばれる25℃の水風呂、さらに33℃の不感温湯「昇天」があり、水風呂の冷冷交代浴でととのうことも可能。（は）

→グルシン

しおさうな

【塩サウナ】

スチームサウナ室内に、ボウルなどに塩を盛って置いている施設がある。どうやって使えば良いのかはじめは戸惑うかもしれないが、そのままこすりつけると肌を痛めるので気を付けたい。そっと肌に乗せるか、少量の水で溶かしたうえで優しく塗り込もう。そして、じんわり汗が出てくるまで待つ。塩の効果で古い皮脂が新しい皮脂に置き換わり、肌がツルツルになることが実感できる。（中）

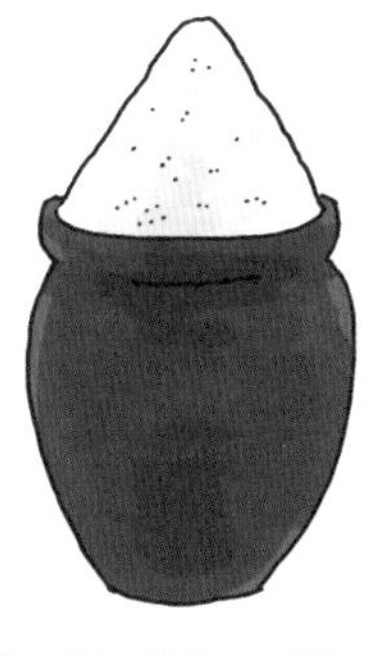

じたくさうな

【自宅サウナ】

「自宅サウナで毎日ととのいたい！」、それはサウナーにとっての夢。でも、自宅にサウナなんてハードルが高い……と感じる人も多いのでは。しかし、諦めるのはまだ早い。近年のサウナの多様化に伴い、自宅サウナにも様々なパターンが存在する。いわゆるサウナ付き不動産物件のほかにも、箱型サウナを宅内に設置したり、屋上にテントサウナを張ったり、庭にDIYサウナを作ったり、マンションのベランダに一人用サウナを導入したりと、実は選択肢は多い。かくいう私も、テントサウナで自宅サウナを構築した一人。家にサウナのある生活は、人生を少し豊かにしてくれる。（お）

→ムロタ式サウナ

したゆで

【下茹で】

サウナ前にお風呂や低温サウナなどに入り、体を温めておくこと。もともと料理用語で、本調理に入る前にあらかじめ材料を茹でておくことを意味し、材料に火を通して味を染み込みやすくしたり、アクや余分な脂などを抜くことを目的としている。これを人間に置き換え、サウナ前に十分温まっておくことで、発汗のスピードを通常よりも早くし、より効率的に蒸される状態を作り出すために発案されたと思われる。(草)
→水通し

しつど
【湿度】
サウナ室の状態を数値化するための指標の一つ。湿度は、空気中に含まれる水蒸気量を表現したものである。水蒸気は目に見えない。では、人はどうやって「シットリ系だ」「カラカラ系だ」と判断しているのだろう。サウナーの中には、汗の出方やタオルの乾き方、入室時の眼鏡の曇り具合で湿度を計る強者もいる。(中)

ジムサウナ
〔gym sauna〕
スポーツジムに併設されたサウナ。トレーニング後にサウナでもう一汗かく人もいれば、サブスクさながらサウナ目的で月額会費を支払う人もいる。ジムサウナでサウナに目覚める人も多い。(編)

シャキッ!
兵庫県・神戸市〈神戸サウナ&スパ〉にある水風呂に設置された看板。11.7℃という水温は、1995年1月17日に発生した阪神淡路大震災の記憶を風化してはならないとの思いから、一年を通じて設定されている。なお、現在の建物は、震災後に建て替わったものである。(は)

ジャクージ
〔Jacuzzi〕
気泡風呂。穴から空気を噴出し、浴室内に泡を発生させ、体をマッサージする。「ジャクジー」「ジャグジー」とも呼ぶ。なお、「ジャクージ」は人名、会社名でもあり、もともとイタリアのジャクージ兄弟が飛行機のプロペラ部品を製造する会社〈ジャクージブラザーズ〉を設立し、世界大戦に使われ会社が発展。その末っ子のキャンディド・ジャクージの息子ケネス(当時1歳3カ月)が1949年に関節リウマチの診断を受けたことから、息子の治療のためにお風呂につけるポンプを開発することに。1956年、浴槽に取り付けて水治療ができるポンプを設計。1968年には世界初のジェットバス一体型を開発し、世界的に普及した。現在はアメリカを拠点に、バスタブやシャワーなどの世界的な製造会社〈ジャクージ・ブランズLLC〉として展開している。(草)

しゃくねつろうりゅ
【灼熱ロウリュ】
愛知県・知立市〈サウナイーグル〉で毎月19日(イーグルの日)に開催される「最強最熱の超激熱ロウリュ」イベント。体感温度

は150℃に達するとも。(編)

ジャックポット

〔jackpod〕

→フィーバータイム

じゅうにふんけい

【12分計】

サウナ室内に掛けられた、12分で一周する針時計。秒針が赤色、分針が黒色のものが多い。サウナーにはお馴染みだが、サウナに入らない人はほぼ見ることのないニッチなアイテム。12分という間隔はサウナ室の滞在時間としてキリが良く、ルーティン調整の目安にしやすい。日本初のサウナ用12分計は、1970年に〈株式会社スタック〉が製造。現在はスタック社も含めた数社が取り扱っている。サウナ室という高温環境下で正確に動かし続けるには高度な技術を要するため、実は1台あたり3〜4万円ほどする高価な時計である。一度は友人サウナーへプレゼントしてみたい。(お)

ショーアウフグース

〔show aufguss〕

→アウフグース

じょうさうな

【常サウナ】

サウナ王こと太田広による造語(公式ブログ「サウナ王奮戦記!」2010年6月11日の記事)。「常宿」は、ビジネスパーソンが出張した時や、旅行した時、スキーに行く時など、特定のエリアへ行った時は必ず利用するような、居心地のよい宿のことである。「常サウナ」も同様で、サウナ王は次のように定義する。①拠点から近いこと、②自分が通いたくなる「何か」があること、③現実的な価格であること。

居心地のよいサウナは十人十色。サウナ室、ロウリュ、アウフグース、水風呂、ととのいスペース、サ飯、エピソード、人との出会い、感情……。自分だけの常サウナを周りの人に伝えてみよう。(中)

しょうどくさうな

【消毒サウナ】

1939年にソ連とフィンランドの間で勃発した「冬戦争」において、フィンランド軍が造った軍用サウナ。バラックのような仮設構造で、戦地においても組み立てや移設を容易とした。戦時下における兵士らの緊張を和らげたり、シラミなどの害虫を体から取り除いたりするためのもので、軍事規則にも「週1でサウナに入ること」と定められていたという。戦地の最前線でもサウナを欠かさないフィンランド魂には驚かされるが、勝利に向けて肉体と精神をととのえ団結を生むために、サウナは重要な戦術だったのだろう。(お)

しょうにゅうどうみずぶろ

【鍾乳洞水風呂】

大分県・豊後大野市〈稲積水中鍾乳洞〉は、約30万年前の阿蘇山噴火により水没して現在の形となった、世界的にも珍しい日本最大級の水中鍾乳洞。テントサウナで温まったら、年間を通じて16℃がキープされている自然の水風呂へ。青くライトアップされた鍾乳洞は神秘的で、宇宙遊泳している気分になる。(は)

しょうわかよう

【昭和歌謡】

昭和時代に流行した日本のポピュラー音楽の総称。サウナでは主にシブい銭湯のサウナ室などで、オーナーの個人的な趣味によって流されている。東京都・中野区〈昭和湯〉や練馬区〈辰巳湯〉などのサウナ室で聞くことが可能。なお、渋谷区〈大黒湯〉では浴室や脱衣所など施設全体で昭和歌謡が流れており、様々なスタイルがあるといえる。(草)

しょうわすとろんぐ

【昭和ストロング】

昭和時代に数多く存在した、カラカラ&アツアツのサウナ室のこと。また、そうした類いのセッティング。干からびるほどの低湿度かつ高温状態のため、肌や髪へのダメージが強く、女性がサウナに悪いイメージを持つ一因にもなった。だが、男性にはこの系統を好きなサウナーも多い。サウナ→水風呂→サウナ……と、外気浴をせずに延々と入り続ける行為もまた「ストロングスタイル」である。(草)

→カラカラ系

しょさ

【所作】

サウナ、水風呂、外気浴に入る行為。またはその一連の動き。「サ法」とも。(草) 用例 「あの所作見ろよ、あれはプロだな」

じょせいがいちばんうつくしいのはさうなをでたあとのいちじかんご

【女性が一番美しいのはサウナを出た後の1時間後】

サウナにまつわるフィンランドのことわざの一つ。習慣的なサウナ浴が美肌やアンチエイジングに効果的であることは、サウナーであれば男女問わず実感するところである。とりわけ、サウナ後の女性のツルンと引き締まった肌、ほんのりピンク色に上気した頬、ツヤツヤな髪の美しさに思わず見とれてしまった経験は一度や二度ではないだろう。サウナは、女性の内面からの美しさを引き出すのだ。(お)

→ことわざ

じょせいせんよう

【女性専用】

女性だけが入室可能なサウナ施設のこと。

東京都・新宿区にある24時間営業の〈ルビーパレス〉、渋谷区にある完全個室、会員制の〈SaunaTherapy〉などがそれにあたる。古くは1967年8月の『主婦と生活』(主婦と生活社)に「サウナ・バス訪問記」として女性専用サウナを紹介した記事が掲載されており、施設内には水風呂が設置され、美容系マッサージのサービス、さらには舶来の下着販売も行っていたと書かれている。1968年3月の『週刊平凡』には、「現在、東京にある女性専用サウナは約20カ所」とあるが、関西は2カ所のみ、ただし24時間営業と書かれている。(草)

しらかばスポーツ

日本初のウィスキング集団。ウィスキングという文化を日本で広めることを目的に、ウィスキング体験に感銘を受けたメンバーで結成された。千葉県・船橋市〈ジートピア〉を中心に活動。(は)

→ウィスキング

しるきーみずぶろ

【シルキー水風呂】

東京都・港区〈サウナリゾートオリエンタル赤坂〉にある白色の水風呂。サウナ室の隣にも15℃の水風呂があるが、シルキー水風呂は大浴場の入口付近にあるため初見では気が付かないことも。シングルの水温というハードなセッティングも影響してか、サ室隣の水風呂よりも混雑度は低い。(は)

シンギングボウル

〔singing bowl〕

チベット仏教に由来する、金属製の音具。木製スティックでボウルを軽く叩き、ゆっくりと縁をなぞることで、内部で音が反響し「倍音」と呼ばれる独特の音色が奏でられる。主に瞑想やヨガ、ヒーリングセラピーなどに用いられるが、サウナ後の外気浴中に耳元でシンギングボウルの音を聴くと、倍音の揺らぎが脳内に響き渡り、まるで体中の水分が共鳴しているかのような快感と共に、格別のととのいが得られる。シンギングボウルを奏でてくれる施設やイベントはかなり限られているが、機会があれば是非とも体感してほしい。(お)

→倍音浴

しんくうぱっく

【真空パック】

館内着やタオルをひとまとめにして袋詰めしたもの。静岡県・静岡市〈サウナしきじ〉で見られる。清潔好きなオーナーのこだわり。(編)

シングル

〔single〕

→グルシン

ジンジャーブレッド

〔ginger bread〕

ショウガやシナモンなどのスパイスで風味をつけた洋菓子。ケーキのタイプや、クリスマスシーズンによく見かける人型のクッキータイプ(ジンジャーブレッドマン)もある。北欧に根付いた伝統的なお菓子であり、フィンランドのサウナブランド〈rento〉からは、ジンジャーブレッドの香りを再現したアロマが販売されている。このアロマでロウリュすることで、フィンランドの温もりあるクリスマスの光景を思い浮かべるのも

良いかもしれない。(中)

しんぱくすう

【心拍数】

1分間あたりの鼓動数のこと。80℃を超えるサウナ室と、20℃を下回る水風呂。人体にとっては、異常な環境である。それでも、人の体は環境に適応しようとする。心拍数はサウナ室で上がり、水風呂で下がり、休憩中に元に戻る。サウナ室は熱いので、急いで熱を逃がそうと血液が体の表面に集中する。血液を体の隅々まで届けようと、心臓は鼓動を増やす。水風呂は冷たいので、体温を維持するために、血液は体の表面から中心に向かって移動する。一回あたりの鼓動で十分な量の血液を送ることができるため、心臓は鼓動を減らす。このように、絶えず調整が行われている。(中)

しんりんよく

【森林浴】

森林内を散歩などして、清浄な空気に全身で浸ること。アウトドアサウナでは、外気浴として森林浴を楽しむことができる。一方で、東京都・北区〈十條湯〉など、ボタニカルな香りを立ち込めた「森林浴サウナ」を取り入れる施設も。(編)

すいおんけい

【水温計】

湯や水の温度を表示する機器。体感で水風呂の水温を当てることのできるサウナーも多い。(編)

すいしゃすとーぶ

【水車ストーブ】

神奈川県・横浜市の中華街に位置する〈HARE-TABI SAUNA & INN(ハレタビサウナ アンド イン)〉男性サウナ室や、宮城県・仙台市〈スパメッツァ 仙台 竜泉寺の湯〉設置された、EOS社製水車型サウナストーブ。2023年から日本に導入された。(編)

すいしん ひゃくななじゅういちせんち

【水深171cm】

熊本県・熊本市〈湯らっくす〉にある水風呂の水深。こちらは男湯の深さで、女湯は153cm。さらに「MADMAXボタン」を押すことで、毎分250Lの水が降り注ぐ。阿蘇山の伏流水に文字通り頭の先まで浸かることができる。(編)

→MAD MAX

すいちゅう いんふぃにてぃちぇあ

【水中インフィニティチェア】

北海道・旭川市〈OMO(おも)7旭川〉のウォーキングバス内に設置された椅子の名称。ブランコのような座面に腰掛け、上体を後ろに倒せばインフィニティの世界へようこそ。(編)

スウェット・ロッジ

〔sweat lodge〕

アメリカインディアンに古くから伝わる発汗小屋。ヤナギなどの柔らかい枝でドーム状の骨組みを作り、その上に獣皮を被せたテントサウナのような構造で、焼き石に水をかけて蒸気を充満させる。インディアンはこのロッジを「母なる大地の子宮」に見立て、暗闇で祈りを捧げ、歌を歌い、発汗によって身を清めて健康を回復させる「治癒と浄化の儀式」を行う。儀式を終えて灼熱の暗闇から解放され、明るい世界に出た時に得られるカタルシスと深い感動。改めてサウナの神秘性を思い知らされる。(お)

すーぱーせんとう

【スーパー銭湯】

文字通り銭湯を超えた銭湯。あくまで銭湯をベースに、お風呂だけでないエンターテインメント設備や要素を組み込んだ施設。施設規模や利用料金は銭湯と健康ランドの中間的存在であり、既存の銭湯施設からアップデートした感が強い。スーパー銭湯の発祥の起源については諸説あり、1976年に大阪府・大阪市の生野区で開業した〈ニュー富士羽温泉〉(2008年廃業)、1985年に富山県・高岡市で開業した〈万葉ポカポカ温泉〉(2011年廃業)、1987年に大阪府・豊中市で開業した〈夢の公衆浴場 五色〉などが挙げられるが、これらは公衆浴場条例における「普通公衆浴場」(入浴料金が各都道府県によって定められる)に分類されており、厳密には現在主流のスーパー銭湯とは区分が異なる。スーパー銭湯は娯楽施設としての要素が高く、「その他の公衆浴場」に分類されているため、1990年に愛知県・名古屋市で開業した〈天空SPA HILLS 竜泉寺の湯 名古屋守山本店〉が「その他の公衆浴場」であるがゆえ、〈竜泉寺の湯〉をスーパー銭湯の起源とみなして良いだろう。実際にここはスーパー銭湯発祥として宣伝している。(草)

すーぱーととのいじょうたい

【スーパーととのい状態】

→ガンギマリ

スカンジナビアクラブ

〔Scandinavia club〕

〈東京オリンピック〉から2年後の1966年3月にオープンした、日本で初めてフィンランド式サウナが導入された施設名。東京都渋谷区大和町81番地(交信ビル)に現れ、フィンランド・メトスサウナ(インストルメンタリアム社)のサウナストーブを導入。それまで大使館やオリンピック関係者のみが楽しんでいたロウリュなどのサウナスタイルが一般的に体験できるようになり、フィンランド式サウナが急速に日本に広がるきっかけを作った。サウナ研究家であり、当時〈スカンジナビアクラブ〉の熱計算を担当した

中山眞喜男によれば、水風呂を最初に作ったのも〈スカンジナビアクラブ〉とのこと。詳細は不明だが、まもなく赤字経営に転落、1968年7月9日に閉店した。(草)

ずかんそくねつ

【頭寒足熱】

頭部を冷やし、足元を温めること。血行を促進して健康に良いとされ、温浴における理想の状態である。しかし、サウナ室内は天井に近いほど高温であるため、どうしても頭部が熱く、足元が冷えてしまいがち。そのため、タオルやサウナハットなどを使って頭部を熱から守る、またいきなり最上段に行かず、下段から徐々に温めていくのも、サウナを心地よく楽しむために有効なテクニックといえる。お風呂のソムリエ・松永武が手がける静岡県・裾野市〈サーマルクライムスタジオ富士〉では、頭寒足熱の重要性を提唱し、サウナ室で横になって足を壁にくっつけ、足裏を温めるサウナ浴を推奨している。(お)

スクラブ

〔scrub〕

体に塩や砂糖など、天然由来の成分を塗り込むこと。スチームサウナやミストサウナにも塩が設置されていることが多く、自身で肌に塗ることができる。ウィスキングの工程の一つでもある。(編)

スタジアムサウナ

〔studium sauna〕

スーパー銭湯などで見られる、野球場やサッカー場のように階段状に座席がある大型サウナを指す。5段程度の段差があるサウナ室では、入口より低い位置に半地下のような最下段がある場合もあり、世代や体調に応じて好きな場所や温度でサウナを楽しむことができる。(は)

スタンディング

〔standing〕

サウナ室内で立ちながら入浴すること。上段は先客で埋まってしまっている場合でも、この姿勢を取ることで高度(すなわち温度と湿度)を確保することができる。入室制限のあるサウナでは、所定の位置でのスタンディングを収容人数に含むケースもある。(編)

スチームサウナ

〔steam sauna〕

サウナの中では比較的低温にあたる50℃～70℃程度の室温に対して、80～100%の湿度設定のサウナ。ただし、その定義は施設による。湿度100%ともなると、空気に含まれる水分が霧状の水滴となり、タイミングによっては50cm先も見えないほどで、「座ろうとしたら人がいた」という椅子取りゲームのような事態になりかねないので注意。(中)

スチームジェネレーター

〔steam generator〕

装置内で熱したストーンに水をかけることで蒸気を発生させるポータブル式ロウリュマシーン。ロウリュ用のストーブを持たない施設に導入されるほか、お客を楽しませるために個人的に所有している熱波師もいる。(編)

ステッカー

〔sticker〕

施設やイベントで配布される宣伝物の一つ。ノートパソコンを見れば、その人がサウナ好きかどうかおおよそわかる。(編)

ストレッチロウリュ

〔stretching löyly〕

〈ウェルビー〉系列において、ロウリュする際に熱波師がお客さんに執り行うストレッチ運動のこと。着席しながら体を伸ばす軽い運動を数分行う。(草)

すなどけい

【砂時計】

12分計と並ぶ、サウナ二大タイマーのひとつ。サウナ室で見かけるのは、5分用や10分用が多い。サウナ室の滞在時間を測る目安として用いられるほか、セルフロウリュの間隔調整のためにバケツの傍に置かれている場合もある。砂時計の起源は明確ではないが1000年以上前から存在したとされ、そのアナログながらシンメトリーで精巧なフォルム、カタンと引っくり返してサラサラと流れ落ちる砂の美しさなど、サウナ室でもひときわ情緒溢れるアイテムである。ちなみに、砂時計中央の美しいくびれは、その形状から「蜂の腰」とも呼ばれる。(お)

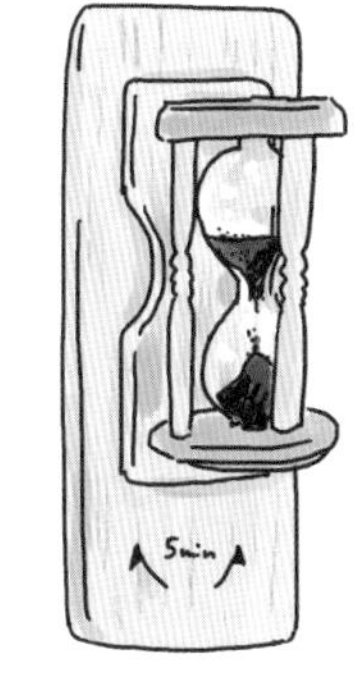

→12分計

スパ

〔spa〕

英語で療養目的の水、温泉の意。一般的に温泉地の呼称。ベルギーのワロン地方および北部フランスの一部で話されるワロン語では、泉のことを“Espa”と呼んでいた。それが英語で“Spaw”になり、後に“Spa”となった。それはローマ時代から“Aquae Spadanae”と呼ばれていた、ベルギー・リエージュ州に位置する町に湧き出ていた鉱泉水に由来がある。中世以降、鉄分不足による病気は、鉄分を含む泉水を飲むことで治療されていた。この土地の水を飲み、持病が治った金持ちが1326年に“Spa”とこの場所を名付けた。その後、“Spa”の水が評判を呼び、この鉱泉と似ていたイギリス・ノースヨークシャー州のライデール地区スリングスビーの温泉が“English Spa”と命名。それから“Spa”という言葉が広がった結果、鉱泉のある療養施設の総称自体が"Spa"と呼ばれるようになったといわれている。しかしながら、オイルを用いたトリートメント施設を"Spa"と呼ぶ国もあり、日本では温泉の有無ではなく美容的な意味でも使われており、その解釈は各国で幅広くあるといえよう。都市型・非滞在施設の「デイ・スパ」、宿泊型で長期にわたる治療を目的とする「ディステネーション・スパ」、ホテルに併設されている「ホテル・スパ」、医者による診療と治療もある「メディカル・スパ」と、さまざまな形態が存在する。なお、"Spa"の語源として「水による健康」を意味する"sanus per aqua"や"salus per aquam"、"sanitas per aquam"といったラテン語フレーズの頭文字をとったものという説もあるが、これは歴史的に資料がなく、誤りである。(草)

すべりだい

【滑り台】

→ウォータースライダー

すぽーつかんせん

【スポーツ観戦】

サウナ室内のテレビは、スポーツチャンネルが定番だ。野球や相撲など、区切りのあるスポーツが好まれる傾向にある。試合が白熱すると、サウナを出るタイミングを逸するので注意。兵庫県・神戸市〈神戸サウナ＆スパ〉では、2023年ワールド・ベースボール・クラシック(WBC)準決勝・日本VSメキシコ戦のライブビューイングが実施された。(編)

→テレビ

スモークサウナ

〔smoke sauna〕

フィンランドやその周辺の国で2000年以上前から存在する伝統的なサウナ。煙突がないのが最大の特徴で、フィンランド人がサウナだけでなく、伝統的に燻製作りにも利用していた。石を積んで作られた独特なストーブが熱源で、薪をひたすら燃やして加熱する。加熱時間は8時間以上にもおよび、その間釜焚きの番をする必要がある。薪を燃やし続け、充満した煙をドアや窓から排出し、ハカロウリュで最後に残る有害な灰と一酸化炭素を追い出したら準備完了である。

室内は火を焚いていない状態だが、室内温度は灼熱。スモークサウナのロウリュは、通常のロウリュと異なり、石の上にラドルの先をピッタリと当て、ゆっくりと内部に水を流していく必要がある。すると石の奥からの熱気が溢れ出し、すさまじい蒸気に蒸されると同時に、ウイスキーのような芳醇な香りに包まれる。なお入浴すると煤がつき、背中に天使のような黒い羽がつくことも。フィンランドのタンペレとユヴァスキュラの間に位置する、ヤムサ市郊外にある〈Saunakylä（サウナキュラ）〉こと通称「サウナ村」には、現在20軒以上のフィンランドの歴史的なスモークサウナを集めた屋外博物館があり、実際に体験することができる。サウナーなら生涯に一度は体験したいキング・オブ・サウナといえるだろう。なお日本には長野県・南佐久郡小海町に〈フィンランド・ヴィレッジ〉内にだけ存在している。（草）

→ハカロウリュ

スルアタ

〔slota〕

ラトビアにおけるウィスク。（編）

→ウィスク

せいち

【聖地】

本来の意味は、宗教用語で神や仏、聖人などに関係がある神聖な土地を指す。しかしながらオタク界隈の用語として、アニメの舞台となった地域や場所を「聖地」と呼ぶようになった結果、各ジャンルへと派生。そのため、「サウナの聖地」と呼ばれる施設が一定数出現し、その意味は「唯一無二のサウナ」「他にはないすごいサウナ」の最上の評価をする場合に使われる。「サウナの聖地」としては静岡県・静岡市〈サウナしきじ〉を筆頭に、北海道・空知郡上富良野町〈吹上温泉保養センター 白銀荘〉、熊本県・熊本市〈湯らっくす〉、佐賀県・武雄市〈御船山楽園ホテル らかんの湯〉などの名前が挙がることが多い。（草）

セウナ

〔seuna〕

セックス×サウナの造語で、AV男優・しみけんが命名。サウナの「ととのい」に、さらに一つプラスした「最高のととのい」が発生すると提唱している。サウナ付きのラブホテルなどでサウナ前後に行為に及び、水風呂、外気浴に至る一連の流れを指す。（草）

せかいさうなしゅと

【世界サウナ首都】

フィンランドの大都市タンペレは、2018年「世界サウナ首都」を宣言した。宣言とは、自治体としての自己主張や方針を内外に表明することである。タンペレには新旧多くの公衆サウナがある。また、最古の公衆サウナといわれている〈Rajaportti sauna（ラヤポルティサウナ）〉は、存続の危機を乗り越えながら現在も稼働しており、その歴史的価値から観光資源として見直されている。タンペレは、サウナ文化の発展と世界的な普及への思いから「世界サウナ首都」を宣言したのである。（中）

→ラヤポルティサウナ

せかいのうんどうかい

『世界の運動界』

「近代コーチの祖」と呼ばれた岡部平太が世界のスポーツを知るために、1917年6月からアメリカ、カナダ、英国、スウェーデン、フィンランド、ドイツ、パリと旅し、行く先々で書かれた通信や手紙をまとめた書籍。1925年に目黒書店から刊行された。東京高等師範学校の研究科に在籍していた友人・石川謙(1891-1969、のちのお茶の水女子大学教授)がドイツ留学するという報告を受け、岡部は「よし僕も海外へ行こう」と決意。ハワイではサーフィンをいち早く体験、アメリカではアメリカンフットボールを日本に初めて紹介するなど、様々な国であらゆる競技を学び、体育理論や体育史をどんどんと吸収。1924年、念願のスポーツ大国・フィンランドに到着した岡部は、著名スポーツ選手にインタビューしまくり、フィンランドスポーツの強さの秘密を知っていく。そして、「フインランドはなぜに強きか」という章に「(8) フイ＝シユバス(浴場)とマッサーヂ」という項目を設けた。日本で最初にサウナ体験をレポートし、ウィスキング体験の記録を残したのは岡部平太であり、本書が最初と思われる。(草)

→岡部平太

せっけんわたし

【石鹸渡し】

公衆浴場において、男湯と女湯の壁を斜めに貫いた筒状の穴のこと。石鹸が貴重だった時代、同じ石鹸を異性の家族とシェアするために用いられた。石鹸渡しが現存する東京都・板橋区〈パブリバ八光〉はサウナを有する銭湯のため、サウナ前に石鹸を渡し合うことも可能だ。(編)

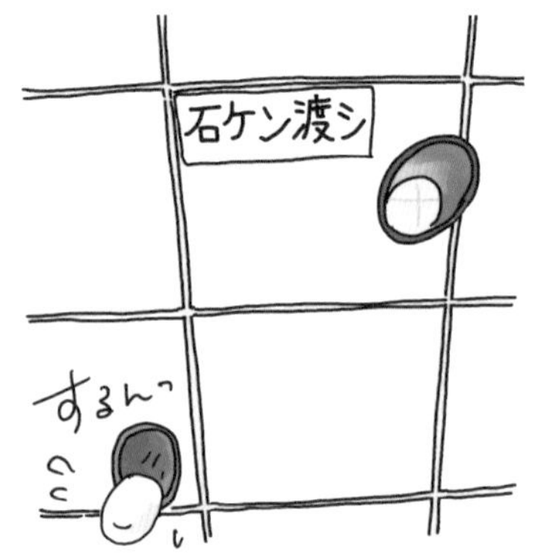

ぜったいしつど

【絶対湿度】

絶対湿度とは、重さである。一定量の空気に溶け込んでいる水蒸気の重さのことで、単位はg/㎥またはg/kgで表す。50年ほど前、フィンランド“Niilo Teeri”の研究では、サウナにとって理想の絶対湿度60g/kgであると論じられた。ちなみに、水蒸気と湯気は同じものではない。水蒸気は気体なので目に見えず、湯気は液体なので目に見える。水蒸気は感知もできないが、確かにそこにある。湿度とは、人間の未知に対する興味の結晶であるといえるかもしれない。(中)

セッティング

〔setting〕

サウナ室における温度と湿度の設定を指す。温度が高く湿度が低い場合は、体の表面のみが熱くなり、温度が低く湿度が高い場合は、体の芯までじっくり温まることができる。ただ、このように簡単に語ることは難しく、外気温や壁面の素材、座面の高さ、扉の開閉、混雑具合など様々な要因で変化する。用例「このサウナ、いいセッティングだね。」(は)

セット

〔set〕

サウナ→水風呂→外気浴という一連の流れを1セットと呼ぶ。それぞれにどのくらいの時間をかけるのか、合計で何セットするのかは、その人の体質や体調によるところが大きい。よって、何セットすればととのうかということは一概にはいえない。(編)

ぜにがめばし

【銭瓶橋】

東京都・千代田区にある、江戸の銭湯(風呂屋)発祥の地。江戸初期の世相や風俗を記した『慶長見聞集(けいちょうけんもんしゅう)』という随筆集には、次のような記載がある。

> 天正十九卯年の夏の比とかよ、伊勢与市といいしもの、銭瓶橋のほとりに、せんとう風呂一つ立つる。風呂銭は永楽一銭なり。(略) あらあつの雫や、鼻がつまりて物もいはれず、煙にて目もあかれぬなどといひて

この描写はサウナを想起させる。伊勢与一の生まれとされる伊勢地方は、焼いた石に水をかける蒸し風呂が普及していた地域。天正19年とは、徳川家康が江戸城へ入城した翌年の1591年で、城下町開発ラッシュの時期。銭瓶橋周辺は労働者の盛り場が形成されていたということから、伊勢与市は労働の疲れを癒す利用客を見込んで風呂屋を開業したと考えられている。2023年現在、銭瓶橋の跡地には説明版があり、場所は見つけやすい。日本の古代サウナの継承地に思いを馳せたい。(中)

せよく

【施浴】

時は6世紀。仏教伝来とともに温室経も伝わった。仏教を深く信仰した聖徳太子は、仏教による安定した政治を行うために、法隆寺など大きな寺院をいくつも建てた。温室経の教えに従い、各寺院には必ず浴室と温室が設けられた。浴室は浴槽のある部屋、温室は蒸し風呂、そう、日本の古代サウナである。浴室や温室は、僧侶の身を清める目的のほか、医療にも用いられた。そして、布教活動のために、庶民へ無料開放されることになった。これが施浴である。施浴が広まると無料運営が困難となり、有料化することになる。それでも需要は増え続け、ついに寺院から離れた町中で有料の

温浴施設が誕生する。これが銭湯の起源である。平安時代末期の12世紀前半『今昔物語』にも、「人を誘って銭湯へ行く」というように解釈できる一文がある。（中）
→入浴

セルフメディテーションサウナ

〔self-meditation sauna〕

大阪府・東大阪市〈なにわ健康ランド 湯〜トピア〉にある、2022年にリニューアルされた瞑想サウナ。通称“SMS”。暗めの室内中央にサウナストーブが鎮座し、セルフロウリュも可能。ボタンを押すと送風機が作動する、セルフアウフグースサービスも。進化し続ける「なにけん」を象徴するサウナ室。（は）

セルフロウリュ

〔self-löyly〕

客自身がサウナストーンに水をかけ、ロウリュをすること。自動的に水が噴射される「オートロウリュ」や、施設スタッフが行うロウリュと区別するために使われる。東京都・渋谷区〈天空のアジト マルシンスパ〉や千代田区〈SaunaLab Kanda〉、北海道・空知郡上富良野町〈吹上温泉保養センター白銀荘〉、大阪府〈天然温泉 延羽の湯〉（本店 羽曳野、鶴橋）などのサウナで可能。自らラドル（柄杓）に水を汲み、ストーンの上から静かに注いだときに聞こえる「ジュワアアアア……」という音。ほどなくして降り注ぐ蒸気。ああ、サウナが好きだ、最高のひと時だ、と実感する瞬間である。ただし、マナーとして他に人がいる場合は、水をかける前に「ロウリュいいですか？」の声かけを忘れずに。また、水をかけ過ぎるとストーンが冷めてしまってストーブの故障にも繋がるため、適度な量と間隔を心がけよう。（お）
→ラドル、ロウリュ

セロトニン

〔serotonin〕

脳内の神経伝達物質の一つで、ストレスを抑え精神を安定させる効果があることから、「幸せホルモン」とも呼ばれる。セロトニンの分泌を促すには日光浴が有効とされるほか、サウナ→水風呂→外気浴のルーティンによってもこの「幸せホルモン」がもたらされるという。ストレスだらけの現代社会でサウナがこれだけ脚光を浴びるのは、このセロトニンの存在にも理由があるのかもしれない。（お）

ぜんこくさうなぶっさんてん

【全国サウナ物産展】

全国各地の施設によるサウナグッズを集めた物産展。年々規模を拡大して開催されており、2022年は東京・大阪・福岡の〈東急ハンズ〉で開催された。(は)

→サウナグッズ

ぜんこくよくじょうくみあい

【全国浴場組合】

正式には〈全国公衆浴場業生活衛生同業組合連合会(全浴連)〉。日本の銭湯業界を代表する団体であり、業界の健全な発展を目的に活動をしている。銭湯は、地域住民の緩やかなコミュニケーションの場であり、それぞれの銭湯に歴史と関わる人々の思いが詰まっている。その個性がにじみ出る銭湯サウナは、それだけで一つのジャンルといえるほどの地位を確立している。全浴連のマスコットキャラクターは「ゆっポくん」。SNSで1コマ漫画をアップしており、水風呂やサウナに入ることもある。眺めていると、不思議とほっこりするキャラクターである。(中)

→銭湯サウナ

ぜんしつ

【前室】

サウナ室内の温度低下を防止するため、入口の前に設置されたスペース。特にサウナ室の入口が露天スペースと通じた場所であった場合、外気が取り込まれやすいので必須。また、収容人数の多いサ室は出入りも多いため、必要性が生じる。スーパー銭湯で取り入れられていることが多い。(は)

せんしゅむら

【選手村】

オリンピック大会で選手や役員などが寝泊りする場所のこと。「オリンピック村」とも呼ばれる。1924年に開催された〈パリオリンピック〉から、選手の宿泊と食事の費用を節約させる建前として木造コテージを建設し、選手が共同生活を営むようになったのが始まり。そこに各国がコンディション調整のために自国の風習を持ち込んだことから、当時珍しかった他国の文化が広がるという、ある種の万博的要素も当初は持ち合わせていた。サウナが世界に知られるようになったのも、フィンランド選手団が選手村に持ち込んだことが大きい。

フィンランド選手団が最初にサウナを持ち込んだのは、1924年〈パリオリンピック〉と推測される。陸上指導者である岡部平太の著書に「フインランド・バスを巴里に用意するかと云う事であると噂されて居る」とあり、同じく指導者の森田俊彦の著書にも「巴里のオリムピツクの時も、特にこの風呂を作つたと云はれて居る」とあったことから、これは実際に作られていたのだろう。本大会で5つの金メダルを獲得し、大活躍したフィンランドの陸上選手パーヴォ・ヌルミが、猛暑での勝利の秘訣を「フィンランドのサウナのおかげ」と発言したことから世界がサウナに注目し始めたという話も。1932年に開催された〈ロサンゼルスオリンピック〉は、男子選手だけが利用できる選手村が誕生した（女子選手はホテル泊）。オリンピック公園から15分、海岸から67マイルの清涼な高地に作られ、宿泊所に事務所、食堂などが作られたという。後にスポーツを通じた国際交流を行い、楽園のような雰囲気だったと多くの人が語っている。500軒のバラック造りの家が並んだ敷地は来訪者の訪問と女人禁制だったため、全裸で鉄棒や平行棒をやる連中もいたくらい、自由でゆったりとした雰囲気だったとスポーツ指導者の大谷武一は著書『体育とスポーツの諸問題』（目黒書店）に記しているが、日本人一行が積極的にサウナに入った記録も残した。

> 食堂でも、日本人ばかりでこれなども一層村の生活を伸び伸びさせた。風呂も暫くしてから、純日本式の洗湯が造られた。然し、自分は遂に一度も日本式の洗湯へは入る機会が無かつた。それは、自分は芬蘭（フィンランド）の風呂に興味を有ち、毎日芬蘭風呂へ出かけたからである。芬蘭のティームの小舎の近くに、早くから芬蘭式の風呂が造られてゐた。風呂の構造はごく簡単なもので、密閉された一室の片側が、幾段かの階段になつてをり、他方の片隅に、熱せられた若干の石が、おかれてゐる。入浴者は、柄杓（ひしゃく）でバケツの水を掬つて、焼石にぶつかけるのである。すると蒸気が発散し、室内の温度が急騰するから、階段に腰をかけ、或は其の上に横臥（おうが）してゐると、急に身体が熱せられ、発汗するに至る。たゞそれだけのことである。

選手村が最も華開いたのは、アドルフ・ヒトラー率いるナチス独裁政権下のドイツで開催された1936年〈ベルリンオリンピック〉。ヒトラーは領土拡大への野心とユダヤ人への迫害を隠すため、ロサンゼルス大会の選手村を遥かに凌駕する豪華さで仕上げ、のちに施設跡を軍隊で利用しようとした。そのためドイツ陸軍の練兵所として使われていた美しい広大な土地に、1棟に10から12のベッドルームを持つ建物が140棟作られ、食堂やサウナも作られた。特にサウナは肝入りの施設で、フィンランドの設計仕様に則り、湖のほとりの丸太小屋に作られ、多くの選

手たちが利用した。選手村にはたくさんの野生動物が棲息していたが、さらに珍しい動物を放つなどし、ドイツは自国のブランディングを強化した。こうした戦前の一連の流れから、「選手村＝サウナが大事」という認識になったといっても過言ではない。
1948年の〈ロンドンオリンピック〉では女子も選手村を利用できるようになり、当然のごとくサウナも置かれた（ちなみに、このサウナは現存している）。1952年の本場フィンランド〈ヘルシンキオリンピック〉には4,800のベッドと14のサウナが選手村に用意された。このサウナ外交は大きな評判をもたらし、各国のスポーツ選手たちが減量や疲労回復のために通い詰め、人気を博したことから、これにより更に世界にサウナが広がった。
そして、1964年の〈東京オリンピック〉の選手村にサウナが設置されると、日本でサウナブームが巻き起こる。しかしながら、1972年の〈ミュンヘンオリンピック〉で起きたアスリート惨殺事件を契機に厳重な警備が敷かれるようになり、選手村の祝祭的な雰囲気が徐々にではあるが失われていく。また、メディアや交通の発達とともに国際交流は一般的なものとなり、選手村にとってサウナは珍しいものではなくなってしまったといえるだろう。（草）
→岡部平太、パーヴォ・ヌルミ

せんたい
【洗体】
体を洗うこと。（編）
→清める、行水

せんとうさうな
【銭湯サウナ】
銭湯に設置されているサウナの呼び名。サウナ付きの銭湯（公衆浴場）のこと。銭湯は風呂がメインのため、そもそもサウナがない施設の方が多く、またスペースが限られているため、ボナサウナやミストサウナなどを設置している店が多い。そのため、銭湯サウナと聞くと、少人数のコンパクトなサウナを思い浮かべる人が多いだろう。サウナポータルサイト〈サウナイキタイ〉によると、サウナ付きの銭湯は全国に1,411軒存在し、うち273軒が東京都内で、267軒が大阪府内で営業している（2023年7月現在）。（草）

ソロサウナ
〔solo sauna〕
→個室サウナ

タール

〔TAR〕

石炭や木材などを加熱することで抽出される、黒い粘り気のある液体のこと。フィンランドでは、ヨーロッパアカマツなどから精製した「木(もく)タール」が伝統的な万能薬として重宝され、「サウナでも酒でもタールでも治らなければ、その病気は手遅れ」ということわざもあるほど。そのツンとした独特なクセのあるスモーキーな香りは、サウナアロマとしても定番で、ロウリュするとサウナ室内が奥深い森のロッジのような香りに包まれる。(お)

→サウナアロマ

だいきゅうけい

【大休憩】

サウナと水風呂を経た休憩とは異なり、仮眠室のリクライニングソファなどで長時間休むこと。広島県の小学校においては、2〜3時間目の間にある20分の休み時間を指す言葉でもある。岐阜県・大垣市〈田辺温熱保養所〉では、畳の敷かれた休憩室で大休憩をしたのちに再度樽風呂(蒸気風呂)に入ることを勧めており、これを繰り返すことで心身をととのえることができる。(は)

→薬草樽蒸し

だいこくやこうだゆう

【大黒屋光太夫】

(1751-1828)伊勢国奄芸郡白子(現在の三重県鈴鹿市)の港の船頭。1782年、廻船(運輸船)「神昌丸」に乗船した光太夫を含む総勢17名は、駿河灘で暴風雨に遭い、7カ月間、太平洋を北へ向かって漂流。アリューシャン列島・アムチトカ島に漂着し、ロシア商人たちに保護される。神昌丸は大破、上陸後の苛烈な環境に船員7人が死亡するが、船頭である光太夫はリーダーシップを発揮、ロシア語を勉強、取得し、生き残りを模索する。やがてロシア人と協力して船を建造。その船でカムチャツカ半島へと脱出し、日本へ帰国する一念で厳冬の荒野シベリアを超えてイルクーツクへ向かう。そこで地質学者であり博物学者であるフィンランド人のキリル・ラクスマンの支援を受け、ついに1791年、皇帝・エカテリーナ二世への謁見が叶い、ラクスマンの次男・25歳のアダム・ラクスマンによって日本に送還されることが決まる。その時に生き残っていたのはわずか5名、日本に帰国を決めたのは光太夫、磯吉、小市の3人だった。

1792年9月、光太夫ら3人と、アダム・ラクスマン一行を乗せたエカテリーナ号はオホーツクを出帆。10月9日に蝦夷地(北海道)のネモロ(根室)に到着する。この帰国が、鎖国していた日本に開国を求めて来た最初の異国船来航事件である「ラクスマンの来航」となった。また日本とロシアがはじめて正式に外交交渉を持つ契機となり、同時にフィンランドと日本の最初の友好のはじまりでもある。さらにいえば日本に最初にサウナが持ち込まれたのではないかという説がある(『日本サウナ史』に詳述)。帰国後は、11代将軍徳川家斉の前で聞き取りを受け、その記録は桂川甫周が『漂民御覧之記』としてまとめられ、幕府が樺太や千島列島に関して防衛意識を強めていく契機となった。光太夫と磯吉は江戸番町の薬園に居宅をもらい、生涯を過ごした。(草)

たいそうずわり

【体操座り】

膝を抱える座位のこと。「体育座り」「三角座り」など、日本各地で呼び名が異なることでも知られる。サウナ室内の温度は、天井に近いほど熱い。また、サウナに入る際には、頭と足の温度差がなるべく小さい方が良いとされている。そのため、立つより座る、座るより寝るという姿勢が向いている。ただ、他の利用者がいる中で寝転ぶことは難しいし、うとうと寝てしまうと、サウナ室は高温環境なのでとても危険だ。そこで、限られたスペースを有効に使い、かつ、頭と足の距離が近い体操座りが効果的である。あぐらや座禅は、横幅を取る。ベンチが混んできたら、周りの人に配慮して体操座りに切り替える人が多いようだ。(中)

ダイブ

〔dive〕

英語の動詞で「飛び込む」「潜る」「暴落する」の意味があることから、日本では水の中などに飛び込むことを総じて「ダイブ」と呼ぶ。サウナでは雪や湖、海、または水風呂などに勢いよく飛び込むことを指す。ただし、「ダイブ」は急激に体に温度変化を引き起こすため、危険を伴う行為であることを忘れてはいけない。(草)

→アヴァント、雪ダイブ

たいりゅう

【対流】

ストーブで熱せられたサウナストーンは、周囲の空気を温める。温められた空気はサウナ室の天井に向かって上昇する。上昇する温かい空気に押し出されるように、天井近くの冷たい空気は、床に向かって下降する。このような空気の動きを対流という。対流により、サウナ室内の空気がかき混ぜられることで、室温は一定に保たれる。サウナ室では、頭と足の温度差がなるべく小さくなるよう、室温はなるべく均一の方が良い。また、対流に換気を組み合わせると、フレッシュエアーが循環するため、空気の質も良くなる。(中)

→換気、フレッシュエアー

タオル

〔towel〕

「タオル地(テリークロス)」と呼ばれるパイル構造を有する繊維製品。タオル地とは、緯糸を織り込む際に、縦糸の一部(パイル糸)を緩めて布地にループ状の部分を形成し、保温性や保湿性、吸水性を高めたものを呼ぶ。主に綿で作られ、濡れたものを拭くために用いられる。古くはエジプトでリネンテリーのような織物が、紀元前2000年頃の墳墓から発見されている。また「タオル」という言葉の語源は、スペイン語の「トアーリャ(Toalla)」かフランス語の「ティレール(Tirer)」からきた言葉だともいわれている。

サウナではサウナハット代わりに頭に巻いたり、サウナマットや、アウフグースの際には大型のタオルで空気を送ったりするのにも利用される。オリジナルタオルを販売している施設もあるため、異なるデザインを集めるサウナタオルコレクターも存在している。なお、岐阜県・大垣市にある〈大垣サウナ〉のように、ロッカールームに整然と並んだ美しいタオルの列に感銘を受けることも忘れてはならない。たかがタオル、されどタオルである。(草)

→MOKU Light Towel

たおるおきば

【タオル置き場】

浴室の入り口付近に設置された棚。タオルのほか、持ち込んだ石鹸など洗面用具一式を置いておく場所。「桶置台」と呼ばれる、カラン一体型の置き場があることも。(編)

たおるしぼり

【タオル絞り】

サウナ内で汗を拭いたタオルを絞るのはご法度！(編)

たきさうな

【滝サウナ】

三重県・南牟婁郡紀宝町〈飛雪の滝キャンプ場〉では、テントサウナ後に水風呂代わりの滝壺へダイブできる。「サ滝」とも。天気が良ければ、滝に虹が架かる。(編)

→テントサウナ

ダグアウトサウナ

〔dugout sauna〕

"dug"とは「地面を掘る」ことであり、ダグアウトサウナはフィンランド南部において石器時代より利用されてきたサウナである。当時は狩猟採取の移住生活が基本なので、住宅やサウナはテントで作られた。住居のテントは円錐型だが、この形状では熱が逃げてしまう。サウナ用テントは、ヤナギなどのしなる木材でドーム型の骨組みを作り、その上に獣の皮や布を被せていたと考えられている。薪で石を温める炉として穴を掘っていたことから、ダグアウトサウナと呼ばれている。同様の形式のサウナが、北アメリカの先住民族のスピリチュアルな儀式・スウェット・ロッジで利用されている。場所や目的は違えど手段は同じ。人の歴史の面白さを感じる。(中)
→スウェット・ロッジ

だついかご

【脱衣かご】

脱衣所で、脱いだ衣服を入れておく籠。ホテルの大浴場など、ロッカーのないタイプの施設で用いられることが多い。昔ながらの銭湯などでは、籐製のものが使用されている。(編)

だついじょ

【脱衣所】

風呂やプールなどに入浴するために着替えたり、入浴後のケアを行ったりするためのスペース。ロッカーや洗面台やドライヤー、冷水機などが設置されており、宿泊施設では洗濯機などが置かれている。鍵付きロッカーが整然と並んでいる脱衣所もあれば、風呂籠のみ置かれた無防備な脱衣所もある。2022年、一般社団法人〈温浴振興協会〉が関東や関西など134施設から回答を受けた調査によると、男湯は約7割防犯カメラを設置していたのに対し、女湯はゼロだった。同年10月には、スーパー銭湯の女湯脱衣所を専門とする中国人の窃盗犯の女ら3人が逮捕。貴重品は必ず貴重品ボックスに預けるのがベストだ。(草)
→板の間稼ぎ

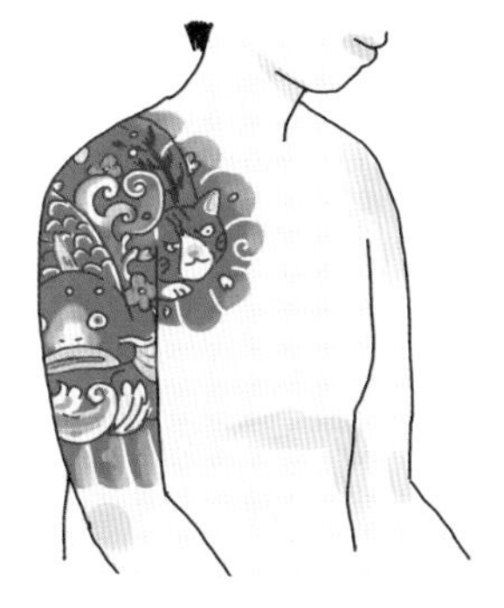

タトゥー

〔tatoo〕

刺青(いれずみ)のこと。針などで皮膚を傷つけ、そこに墨などを入れながら文字や絵を描く身体装飾。スーパー銭湯やカプセルホテルなどでは「タトゥーお断り」が多く、町の銭湯では容認されているイメージがあるが、公衆浴場法にはタトゥーについての規定はなく、慣例や施設の判断によるところが大きい。近年では若者を中心にタトゥーをファッションの一部と捉える流れもあり、サウナポータルサイト〈サウナイキタイ〉では「タトゥーOKな施設」で条件検索することができるなど、時代と共にそのイメージは変化してきている。(お)

ダブルチラー

〔double chiller〕

水風呂の温度に対する日本人の飽くなき好奇心により、「チラーを使って水風呂を冷やす」という革命が起きた。次に向かうのは、水温の安定である。日本には四季があり、夏場は水温が上がる。単独のチラーでは補いきれない冷却力を補強するために、季節限定でもうひとつのチラーを稼働させる。これがダブルチラーシステムであり、東京都・墨田区の〈スパ&カプセル ニューウイング〉が有名だ。私たちが当たり

前のように一定の水温で水風呂を楽しめている裏には、このような施設関係者のたゆまぬ努力が隠されているのだ。(中)

→チラー

たまあせ

【玉汗】

サウナに入っていると、額や腕に玉のような汗をびっしりと浮かべている人に出会うことがある。こうした玉汗は、目に見えない「有効発汗」(体を冷やすために出る)に対して、蒸発しきれない汗が皮膚に残ることで目に見えるようになる「無効発汗」と呼ばれる。この汗をタオルで拭うか拭わないかは、サウナーの中でも意見が分かれるところである。あなたは拭う派？　それとも、拭わない派？(中)

→汗

たましいのせんたく

【魂の洗濯】

サウナでととのい、魂までもが綺麗になるように感じること。(編)

たんさんせん

【炭酸泉】

炭酸ガスが溶け込んだお湯のこと。お湯1Lに対し炭酸ガスが250mg以上溶けたものを「炭酸泉」と呼び、特に1,000mg以上のものは高濃度炭酸泉として温泉法上の「療養泉」に位置付けられる。炭酸濃度維持のため38℃前後のぬる湯になっている場合が多く、じっくり長目に入っても心地よさが持続するため、人気の高いお風呂である。シュワシュワとした無数の気泡が皮膚に付着する感覚も楽しい。サウナの締めとして入るのも乙であり、東京都・荻窪〈東京荻窪天然温泉 なごみの湯〉にある「超高濃度炭酸泉」や、5種類もの炭酸泉が楽しめる千葉県・流山市〈スパメッツァ おおたか 竜泉寺の湯〉などがおすすめ。(お)

だんせいせんよう

【男性専用】

男性のみが利用できる施設のこと。もともと「トルコ風呂」の流れにおいて発展した日本のサウナ施設は、男性専用が大多数を占めていた。やがて時の経過とともに、銭湯などにサウナが設置され、女性にもサウナが広がっていく。しかし、いまなお男性専用施設が多いのには、次の理由があると思われる。

ビジネスの問題：女性は入浴する際に化粧を落とす必要があり、入浴後に化粧をし直すとなると、入浴という行為自体にそもそもハードルが高い側面がある。また、生理など女性の体特有の理由で入浴できない日も発生する。それに比べ、男性はいついかなるタイミングでも入浴ができるため、男性専用で経営した方が効率良く収益化できるという考えが温浴業界内では存在していた。

設備の問題：女性客を獲得する場合、清掃を定期的に行う必要が発生する。また、トイレや洗面台、ドライヤーなど、男性客よりも利用者が多いことから、男性客スペースよりも大きくする必要があり、設備投資が高額になる傾向がある。そこで、そもそも男女両方作ることができない営業面積で運営する場合、男性専用を選択していた。

しかしながら、日本のサウナブームが次のステージへ向かうためには、女性サウナーが増えていくことが急務。そのためには、男性専用の壁を取り除き、女性が入ることのできる施設を増やしていくことが大切である。こうした流れもあり、最近では男性専用施設でも「レディースデー」を設け、限定的に女性に体験してもらえるような施設が増えてきた。(草)

→レディースデー

たんていはさうなでなぞをととのえる

『探偵はサウナで謎をととのえる』

「ととのいました」「すべての事件の答えは、サウナが教えてくれる」。「サウナ×ミステリー」のライトノベル(2020年11月刊行、吉岡梅 著、KADOKAWA)。現役刑事・水田龍二と、その義父で定年退職した元敏腕刑事で現探偵・櫓竜太郎が、殺人事件の謎を解く。龍二は、もともとサウナと水風呂が苦手であったが、メンターである竜太郎に導かれ、刑事として、サウナーとして、そして人間として、成長していく。読者がサウナーの場合は、龍二がサウナの良さに気づいていくプロセスに深く共感するだろう。サウナ初心者であっても、ひと通りの知識を楽しく学べるサウナの教科書になる。(中)

ちいきかっせいか

【地域活性化】

近年、「サウナで町おこし」が地方創生のキーワードとなりつつある。先行したのは2018年にオープンした、宮城県・伊具郡丸森町〈MARUMORI-SAUNA〉だ。2021年に「サウナのまち」を宣言した大分県・豊後大野市は、豊かな大自然とサウナを融合させること、また古くから伝わる石風呂文化や水風呂代わりの鍾乳洞などを組み合わせることで、「温泉県」にありながら温泉が湧かないというハンデを拭い去っている。ほかにも、北海道・札幌市「サウナの街サっぽろ」、帯広市「十勝 サ国プロジェクト」、山梨県「やまなし自然サウナととのいプロジェクト」、鳥取県の「ととのう とっとり」など、サウナを活用した事例が増えている。(編)

ちかすい

【地下水】

地表面より下に位置する、土壌・岩石の間隙や割れ目に存在する水の総称。地下水面より上にあり、隙間が水で満たされていない領域（不飽和帯）の水を土壌水、地下水面より深く、地層に水が満たされて飽和している領域（飽和帯）の水を地下水と呼び区別する。地表に流出した地下水は、河川や池、湖などの地表水を形成したり、生活用水や農業用水、工業用水などに使用されたり、水温の高いものは温泉として活用される。温浴・サウナ施設は、温泉を引くことはもちろん、水道代のランニングコストを減らすため地下水を汲み上げている施設が多い。なお、目の前にある水風呂が、カルキ臭のする水道水であるか、天然水（水道水でない自然形成された水のこと。川や湖、井戸水などの地下水も含む）であるかは、サウナーにとっては重要な問題だ。その土地の個性を持った天然水であるほど、価値が高いとされる傾向がある。（草）

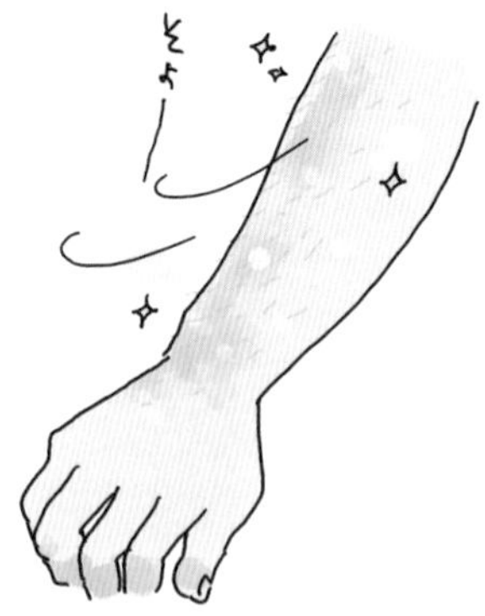

ちきゅうのあいぶ

【地球の愛撫】

外気浴中に全身の感覚が研ぎ澄まされ、ピンピンに立った産毛一本一本に風がそよぐこと。地球そのものに撫でられているように感じることから。究極にリラックスしている状態。（大）

ちくびもげ

【乳首もげ】

サウナ室の熱によって、乳首がヒリヒリと痛むこと。体の中でも敏感な乳首は、サウナ室においては高い位置で剥き出しとなっているため、高温の熱を受けやすい。そのため、乳首を庇うように腕を組んだり、肩からタオルをかけてガードしたりする人もいる。（草）

ちちゅうさうな

【地中サウナ】

地面を掘ったり、土手を切り崩したりして作る原始的なサウナ。20世紀前半頃までフィンランド・北カレリアなどの農村地方でよく見られ、第二次世界大戦時には敵に発見されないよう作られたという。現在は、フィンランドの屋外博物館〈サウナキュラ（Saunakylä）〉に存在し、日本でも2018年、長野県・小海町〈フィンランド・ヴィレッジ〉に、フィンランドのかつての地中サウナを再現した「スモークサウナ」が作られた。（お）

→スモークサウナ

チムジルバン

〔찜질방〕

韓国都市部を中心にみられる、いわゆる「韓流スーパー銭湯」。男女別の浴室エリアのほか、館内着を着て過ごす男女共用エリアがあり、様々な趣向を凝らした着衣混浴サウナのほか、大広間、食事処、仮眠室などが設置されている。ほとんどの施設が24時間営業のため、カップルデートでゆっくり

と寛いだり、終電を逃した際に駆け込んだり、旅行者の簡易宿としても使われる。(お)
→汗蒸幕

ちゃくいこんよく
【着衣混浴】
サウナにおける混浴は、「全裸混浴」「水着混浴」、館内着などを着る「着衣混浴」の大きく三つに分けられる。着衣混浴のサウナ施設としては、愛知県・名古屋市〈SaunaLab Nagoya〉の「フォレストサウナ」などがある。サウナポータルサイト〈サウナイキタイ〉によると、着衣混浴サウナ施設は実は数えるほどしかない。(お)
→サウナデート

ちゃしつさうな
【茶室サウナ】
茶室をモチーフにしたサウナ。東京都・中央区〈SAUNA OOO(オー)〉のサウナ室には畳が敷き詰められており、貸切なので寝サウナも存分に楽しむことができる。また、2019〜2020年にサウナシュランに選出された静岡県・伊豆市〈おちあいろう〉にも、茶室に見立てたサウナがある。(編)

ちゅういがき
【注意書き】
サウナの効能や施設のルールを伝える掲示物。張らなければ治安は守られず、張りすぎると煙たがれるという葛藤がある。(編)

ちょうさうな
【超サウナ】
2023年4月に開催された〈ニコニコ超会議2023〉の屋外エリアで「超サウナ」が設けられた。10種類以上のマニアックなテントサウナが設置され「サバス」もやってきた。超会議のテーマである「夢中は無敵」を体現するような、ユニークなコンテンツが並んだ。「マッチョMAXボタン」「小林幸子健康ランド」「企業サウナ部〜サウナOB訪問」「テクノ法要コラボ」など。(中)
→サウナ部、サバス

ちょうとうはさうなしんこうぎいんれんめい
【超党派サウナ振興議員連盟】
サウナの普及と発展に向け、2022年11月に設立された議員連盟。規制緩和も含めた法整備の検討などを進めることを目的としている。自民党・武田良太元総務相を会長とし、与野党約50名もの国会議員有志が参加。何かとストレスの多い議員仕事にもサウナは欠かせないということか。連盟に参加する稲田朋美衆院議員は、2017年の防衛大臣辞任後、精神的にどん底の状態から救ってくれたのは「サウナとランニング」だと語った。ぜひ、党派を超えて団結し、汗をかきながら、多くの人がサウナを楽しめる環境をととのえてほしい。(お)

ちょうれい

【超冷】

静岡県・富士市〈湯らぎの里〉では、開店から30分間のみ、水風呂の設定温度を通常より3℃低く設定した「超冷水風呂」を毎朝開催している。キーワードは「早起きは3℃の得」。(編)

チラー

〔chiller〕

冷却水循環装置のこと。水をはじめとした液体の温度をコントロールするための機械の名称。"chill"(冷やす)という英語が語源だが、水温を一定に保つのが役割のため、温める機能がある機械もある。主に空冷式と水冷式が用いられ、産業機械や熱帯魚などに使用されているが、サウナでは水風呂やシャワーの水温を冷たくするために使用されている。(草)

チル

〔chill〕

「寛ぐ」や「落ち着く」を意味する英語スラング"chill out"に由来する俗語。サウナやキャンプ、シーシャ(水タバコ)などで、まったりとリラックスした時間を過ごす際に用いられる。天気の良い日にアウトドアサウナの外気浴で、そよ風を感じながら空を眺めている時間は最高にチルい。なお、〈合同会社Endian〉が販売するリラクゼーションドリンクも「CHILL OUT(チルアウト)」という。(お)

チンピリ

風呂に入った際、陰茎(チンチン)の先がピリピリと刺激され痛痒いこと。主に、強めの炭酸泉、濃度の高い薬湯、カプサイシン成分の入った薬湯で男性に起きる。皮膚の粘膜が薄い部分に刺激を感じることにより発生する。(草)

つける

【漬ける】

水風呂に入ること。または入れること。通

称「づけ」。初心者は水風呂に抵抗感があるため、導師が水風呂を勧める際に使用されることが多い。(草)
→導師

てぃーあーるぴーちゃねる

【TRPチャネル】
TRPとは“Transient receptor potential channel”の略で、「一過性受容体電位型チャネル」とも呼ばれる。細胞の表面に存在する感覚スイッチのようなもので、様々な感覚や刺激を感じ取るために働いているタンパク質である。例えば、カレーなどの辛い食べ物を食べた時の辛さや、熱さ・冷たさなどを感じるのは、刺激に対してTRP受容体が化学変化した結果だといわれている。私たちが知らず知らず、サウナや水風呂でフル活用している体の組織である。(中)

てぃーてぃーえぬいー

〔TTNE〕
「ととのえ親方」という名で知られる実業家でサウナーの松尾大と、「サウナ師匠」のサウナネームを持つ秋山大輔が作ったサウナ専門会社でありブランド。2017年にプロサウナーの専門ファッションブランド「TTNE PRO SAUNNER」が。2019年にはサウナのより良い入り方を提唱する「日本サウナ学会」を設立。現在のサウナムーブメントの中心として、日本各地にさまざまなサウナ施設のプロデュースやメディア出演を行っている。二人はサウナ&スパの世界No.1ブランド〈Harvia (ハルビア)〉の世界初「グローバル ハルビア・サウナ・アンバサダー」にも就任した。(草)
→サウナーオブイヤー、サウナシュラン、日本サウナ学会

デザートサウナ

〔dessert sauna〕
女性プロ熱波師・レジェンドゆうによる造語で、アウフグース後のサウナ室を指す。攪拌によって高まった湿度や、ロウリュに使用されたアロマ水の残り香を味わうことができるだけでなく、イベント直後で室内に人が少ないためゆったりと楽しむこともできる。(は)
→サウナアロマ

デザートロウリュ

〔dessert löyly〕
スモークサウナのストーブは、長い時間をかけて温めると、再度加熱することはない。そのため、温度は緩やかに下がっていく。ただ侮るなかれ、温めるのに何時間もかかる分、その蓄熱性は尋常ではなく、火入れの翌朝にもロウリュができる。この食後のデザートのようなロウリュを、デザートロウリュという。(中)
→スモークサウナ、火入れ

デジタルデトックス

〔digital detox〕
スマートフォンやPCなどのデジタル機器との距離を置くことで、日常のストレスから一時的に離脱する行為。デジタル機器を所有する現代人は、四六時中連絡や通知がくる状態に置かれている。またデジタル機器の持つ中毒性から心理的なストレスや睡眠の質の低下、片頭痛、眼精疲労や視力の問題が引き起こされている。そこで便利なデジタルを完全に手放すのではなく、あえて一時的にデジタル機器を遠ざけ

ることで、ストレスの軽減、現実世界でのコミュニケーションを本来の人間の感覚を取り戻そうとする潮流が生まれた。近年のサウナブームは「デジタルデトックス」が根底にある。というのも、盗撮を避けるためにデジタル機器を持ち込むことを一般的に禁止している温浴施設だけが、現代において自然にシャットダウンできる場所だからだ。デジタル機器を一時的に預ける、取り上げられる場所は日常施設には殆ど存在しないため、温浴施設に行くことは半ば強制的にデジタルと距離を置き、自分自身を取り戻そうとする試みといえる。(草)

デッキチェア

〔deck chair〕

折りたたみ式の椅子の一種で、もともとは船上のデッキに設置されていたことが由来とされる。かつては布の一枚張りのものが普及していたが、現在はプラスチック製の背もたれが可動しベッドのように寝転べるものや、ラタン調のもの、ひじ掛けがあるもの・ないものなど様々な種類がある。東京都・台東区〈サウナ&カプセルホテル北欧〉の露天スペースに設置されているのは、〈株式会社テラモト〉製の「GFサンラウンジャー」という製品。(は)→ととのい椅子

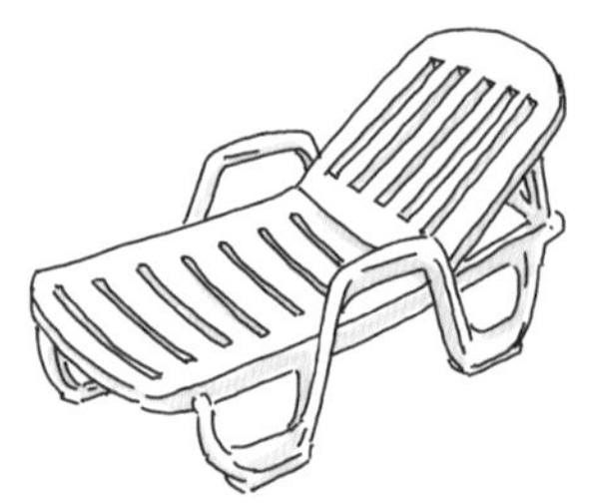

テマスカル

〔temazcal〕

メキシコの伝統的な蒸し風呂で、ナワトル語の"temaz"(蒸気)、"calli"(家)に由来。石窯のような小屋に入り、室内に置かれた焼き石に煮出した薬草水をかけ、蒸気浴を行うことで心身を清める。テマスカルはメキシコ南部・オアハカ州などで体験することができ、お祈りや歌を伴う儀式性の高いものや、デトックスやリラックスを目的としたライトなものまで様々。(お)

テルマベッド

〔thelma bed〕

陶器製の固定式リクライニングチェア。「テピダリウムベッド」とも。東京都・新橋〈オアシスサウナ アスティル〉や静岡県・伊豆市〈蓮台寺温泉 清流荘〉などに設置されている。体にフィットする湾曲した作りに加え、内側を流れる温水によって座面が人肌ほどの温度にキープされているため、微温

浴効果を楽しむことができる。現在は〈テルマリウム株式会社〉が輸入販売を行っている。(は)

テレビ

〔television〕

「テレビジョン」の略称。映像と音声を離れた場所に送り、再現する電子的なシステム、受信機、またテレビジョン産業の呼び名。TVとも表記する。日本ではサウナ室内にテレビが置かれているのが一般的であり、これは世界的にも例がない。いつからテレビが置かれ始めたのかは不明だが、1966年以降だと思われる。近年ではノルウェーの巨大温浴施設〈THE WELL〉がテレビを視聴できるサウナ室を作るなど、日本のサウナからインスパイアされたものが海外でも誕生している。(草)

てんじょう

【天井】

サウナストーブに熱せられた空気は上昇する。その空気を受け止めるのが、天井である。天井は熱い空気を受け止め、熱の行方を制御する。こうした空気の対流に加え、空間の広がりや音響効果など、サウナビルダーのこだわりが出るのが天井のデザインだ。その要素は、高さ、形状(水平・斜め・ドーム)、材質(木・ガラス・石材)など多種多様。また、座る位置を変えることで、天井から回ってくる熱や蒸気の感じ方を変えることができる。(中)

→対流

でんどうねつ

【伝導熱】

サウナ室で感じる伝導熱は、人が直接触れているベンチや床、壁から伝わる熱のことである。ボナサウナはベンチの下にストーブが格納されているため、ベンチ(または背中の壁)から直接熱が伝わり、体を温めてくれている。ベンチが熱くなりすぎてケツ焼きという事案も発生しているため、マットを利用するなどして対応しよう。(中)

→ケツ焼き、ボナサウ

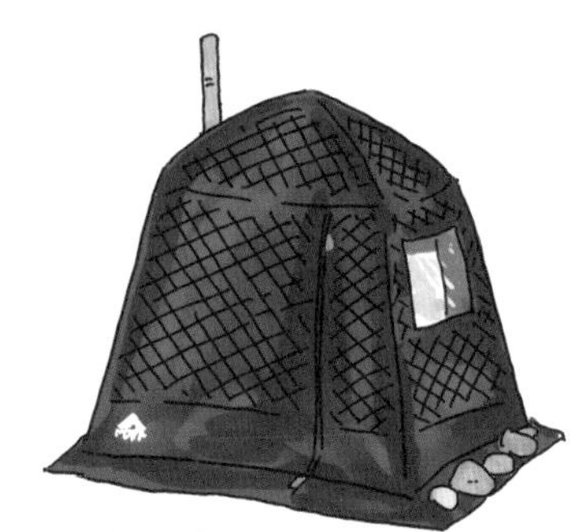

テントサウナ

〔tent sauna〕

アウトドア用テントをサウナにしたもの。フィンランドの軍用サウナが発祥とされ、耐火性や断熱性に優れた生地のテントを用いて、薪ストーブなどを熱源としてサウナを楽しむ。その携帯性の高さから、キャンプなどのアウトドアアクティビティや、催事・イベントでの活用、庭や屋上で自宅サウナとして設置するなど幅広い用途がある。2019〜2020年頃から、〈株式会社サウナキャンプ〉が国内代理店を務めるロシア製テントサウナ「MORZH」を中心に人気が高まった。テントサウナを体験できる施設には、東京都・東久留米市〈スパジアムジャポン〉や、神奈川県・厚木市〈湯乃泉 東名厚木健康センター〉などがある。ちなみに、『サウナあれこれ2』(中山眞喜男 著)によると、日本サウナ・スパ協会が2009年に帯広で披露したものが、日本で最初のテントサウナだそう。(お)

→キャンプ

でんわぼっくす

【電話ボックス】

フィンランドのドキュメンタリー映画『サウナのあるところ』での10数秒のカット。草原の向こうで、馬が草を食んでいる。手前に電話ボックスがある。電話ボックスの中では、全裸の男が蒸されている。電話はない。あるのは、ただただ独りの空間とロウリュの音である。ほんの10数秒のカットだが、どこか既視感を覚える。本作のDVDジャケットやパンフレットの表紙にも使われており、本作を象徴するカットであることは間違いない。(中)

→『サウナのあるところ』

とうきょうおんせん

【東京温泉】

戦後間もない1951年4月、銀座6丁目(東京都中央区銀座6丁目13-16)に許斐氏利が開業した大型温浴エンターテインメント施設。正式名称は〈銀座センター 東京温泉〉。トルコ風呂を売りにし、マッサージガールは上海のトルコ風呂にならって「ミストルコ」と呼ばれた。当時にしては高額な入浴料にもかかわらず、開業当初から進駐軍の将校や東京にやってくるさまざまな旅行客をメインに、連日大繁盛を極めた。多い日には1日3,000人が訪れ、上客には大物政治家や作家も多かった。4階建ての館内には小劇場もあり、1階は公衆浴場。2階にトルコ風呂があり、豪華な個室もあった。風呂には滝湯やレモン湯、垢すりなどのサービスも付いていた。現在サウナにある垢すりの発祥は〈東京温泉〉からで、設置当時は中国から特別に許可をもらって専門家を呼んだという。今日の温浴施設によくあるプレスクリーニングの

サービスもあった。3、4階にはバーとキャバレー、和食レストランが併設され、屋上の隅には碁会所もあり、高段者が指導するサービスまであった。まさに今日における温浴レジャーランドの嚆矢であろう。
「サウナ」が設置されたのは開業から6年後の1957年3月14日のこと。1956年〈メルボルンオリンピック〉にクレー射撃の日本代表として参加した許斐は、外国の選手たちがサウナを愛用しているのを見て「これだ！」とひらめいた。日本選手団の旗手を務め、レスリング競技（フリースタイル・フェザー級）で金メダルを獲得した笹原正三に、「選手村で見たサウナの構造をよく観察して、アドバイスしてくれないか」と依頼。そのアドバイスをもとに日本独自のサウナを作り上げ、「フィンランド式サウナ風呂」として売り出した。これが日本で初めての大型サウナ風呂の始まりである。しかしながら、そのサウナは壁一面に蒸気配管を張りめぐらせることで部屋を暖めた「日本式サウナ風呂」であり、いわゆる「フィンランド式サウナ」とはまったく別のものであった。だが、日本人はこれを「サウナ」と誤認、結果的には日本にサウナが広まる最初のきっかけとなった。1993年に閉業。（草）
→アカスリ、許斐氏利、選手村、トルコ風呂

どうし
【導師】

サウナに導く人。サウナ初心者をサウナ沼に漬け込む存在を呼ぶ。別の呼び名で「師匠」「マスター」も。（草）
→漬ける

どうせん
【動線】

サウナ→水風呂→外気浴（休憩スペース）の3点を移動する経路のこと。サウナで体を温めた後、サッと水風呂に入って体を締め、速やかに休憩に入ってより深くととのいたい。そのためには、各地点間をできるだけ短く、かつスムーズに移動できる動線設計が非常に重要となる。動線にこだわったサウナ施設は多くあるが、例えば、露天エリアにおける動線がコンパクトに完結し、内風呂利用客とバッティングしない東京都・足立区の銭湯〈堀田湯〉や、サウナ→水風呂→外気浴がシンメトリー構造で美しく一直線に収まる墨田区〈サウナランド浅草〉などがある。（お）

とうだいさうな
【灯台サウナ】
2023年1月14日に実施された北海道・函館市〈恵山岬灯台活用協議会〉主催による日本初の灯台活用イベント。灯台を起点とする海洋文化を次世代へと継承していく「海と灯台プロジェクト 新たな灯台利活用モデル事業」（主催は〈一般社団法人海洋文化創造フォーラム〉）の一環として実施された。テントサウナに入り、灯台で外気浴するというイベントだった。（草）

とうほぐさうないいんかい
【トウホグサウナ委員会】
東北在住のサウナ好き団体。東北6県の特色ある自然と文化を活かしたアウトドアサウナイベント〈トウホグ蒸祭〉を2021年より開催。マスコットキャラクターは「ゆるサウナ君」。（編）

トゥルトゥル
軟水のシャワーで体を洗ったり、水風呂に入ったりする際に感じる肌の感覚。硬水よりも軟水の方が石鹸の泡立ちが良く、その泡立ちで滑らかな感覚を得ることはできる。一方で、水風呂における滑らか感覚は、プラシーボ効果からきていると考えられる。とはいえ、そこかしこの水風呂に入ったサウナーは感覚が鋭敏になり、またサウナ後で感覚が研ぎ澄まされていることから、水質の些細な違いをも感じ取れている可能性もある。（は）
→水風呂

ドカンサウナ
〈株式会社GROWTH〉が取り扱うバレル（樽）型サウナ。外装の円筒部分はコンクリート土管、内装には国産ヒノキ材が使用されており、重厚感と高級感を両立している。（お）
→バレルサウナ

ドクエリ
サウナドリンクの一つ。「ドクターペッパー」と「アクエリアス」を混ぜたもの。（編）
→オロポ

ドクターサウナ
〈株式会社アイ・ティー・エム〉が製造・販

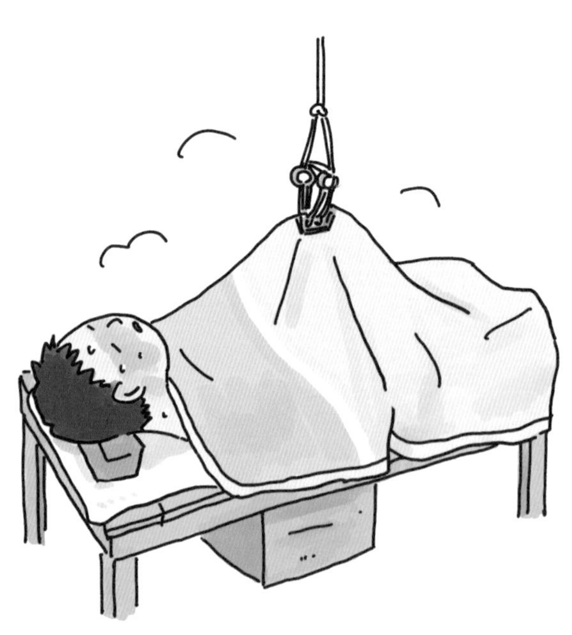

売を手がける、医療機器の承認を受けた家庭用箱型サウナ。サウナ室内に遠赤外線ヒーター、超音波加湿器、マイナスイオン発生装置を備え、温度55℃ / 湿度55%のマイルドな熱さで、体に負担をかけずに血液循環を促す。(お)

とこむし

【床蒸し】

木製のベッドに穴が開いており、そこから蒸気が湧き出ている。これが床蒸しである。古くから伝わる民間療法の一種で、穴から湧き出る蒸気によりピンポイントに熱を与え、患部の血行を良くすることが目的である。特製の薬草を煮たてて蒸気を発生させる「薬草床蒸し」で有名な施設は岐阜県・大垣市〈田辺温熱保養所〉である。ここでは、「薬草床蒸し」とは別に、樽を上下に組み合わせたような「薬草樽蒸し」というユニークな蒸気浴も味わえる。(中)

→薬草樽蒸し

とだなぶろ

【戸棚風呂】

江戸初の銭湯は、銭瓶橋周辺で開業された、伊勢式の蒸気浴だったと考えられている。当時は蒸気浴を提供する店を「風呂屋」と呼び、湯浴を提供する店を「湯屋」と呼んだ。江戸では湯に浸かることが好まれ、次第に湯屋が増えていくのだが、その過程で登場したのが「戸棚風呂」である。腰より下は湯に浸かり、上半身は蒸気で蒸すというハイブリッド式だった。蒸気浴ではすのこが敷かれたのに対し、湯浴では板敷きの湯船に湯が張られたため、「板風呂」とも呼ばれた。江戸の風俗を記した『守貞漫稿(もりさだまんこう)』によると、湯の深さは一尺(約30cm)程度だったようだ。2023年4月にオープンした東京都・港区〈サウナ東京〉では、現代版の戸棚風呂を体験できる。(中)

→銭瓶橋、入浴

ととのいいす

【ととのい椅子】

外気浴などの休憩時に使う、ととのうための椅子。より深いリラックスを得るために全身を委ねて楽な姿勢を保つ、サウナーにとって最重要アイテムの一つ。水に強いプラスチック製のアームチェアが置かれている施設が多いほか、深いリクライニングで浮遊感が味わえるデッキチェア(インフィニティチェアなど)も人気。施設を巡り、自分好みのととのい椅子を探求するのも楽しい。(お)

→デッキチェア

ととのいスペース

サウナ→水風呂→休憩のルーティンにおいて、休憩時のディープリラックス状態に達するための場所。近年では森林浴に特化した施設や、屋上での外気浴を売りにする施設も登場し、その空間づくりは洗練されてきている。(S)

ととのイップス

サウナに通い慣れてくると、ととのう感覚がわからなくなることがある。これを「ととのイップス」と呼ぶ。サウナ（高温）と水風呂（低温）は人間にとって過酷な環境だが、そんな環境であってもやがて人は慣れる。ただ、そこでより過酷さを求めてしまうと、健康を害する恐れがある。おすすめは行動を変えてみることだ。例えば、「いつもと違うサウナへ行く」「他のサウナーのリズムに合わせてみる」「アウフグースやウィスキングを受ける」「呼吸に集中する」などである。新しい体験によってととのう感覚が呼び戻され、新たなサウナの楽しみ方の発見にもつながるはずだ。（中）

ととのいびと

『トトノイ人』

「サ談会」という形式で、サウナに関わる一人の人物を掘り下げていくZINE。2023年4月現在、vol.13まで発行されている。人は自分のことをわかっているようで、実はわかっていない。他者からの問いに答えていくうちに、自分が知らなかった自分に気づいた経験はないだろうか。『トトノイ人』を読んでいると、その気づきの瞬間を日の当たりにできる。（中）

ととのう

入浴時や温冷交代浴を行った際に発生する、恍惚とした状態のこと。言葉の生み

の親は、プロサウナー・濡れ頭巾ちゃん。2009年、サウナ仲間たちと訪れた北海道・空知郡富良野町〈吹上温泉センター 白銀荘〉で、サウナ入浴時の気持ち良さを表す言葉を仲間内で議論した際に出た言葉だと自身のインタビューで話している。タナカカツキが『マンガ サ道』で使用したことで一気に広まり、「2021ユーキャン新語・流行語大賞」に「ととのう」がノミネートされた。なお、〈株式会社ナショナルトータルビバレッジ〉からアフターサウナドリンク「ととのった」が販売されている。サウナーなら必ず目指す状態といえよう。私見だが、「ととのったー！」と叫ぶ人間は大体ととのっていない。なぜなら、本当にととのった時は声すら出せないからだ。また、フィンランド語には「ととのう」に相当する（サウナの快楽を言い表す）共通語は存在しない。そもそも、フィンランド人は「ととのう」ことを目的としていない。「ととのう」とは、あくまで日本のサウナ文化である。（草）

→『サ道』

どみかつ

【ドミ活】

ホテルチェーン〈ドーミーイン〉系列で、サウナを満喫すること。あるいは、ドーミーインに特化したサ活。営業マンにとっては、出張と同義であることも。（は）

ドライサウナ

〔dry sauna〕

温度が高く、湿度が低いサウナ室のこと。ロウリュすることができないストーブを設置することによって、湿度のまったくないサウナ室が完成する。90℃を超えるのが一般的だが、中には110℃を超える高温のものも。皮膚や目が乾燥するため、快適に感じられない人もいる。（草）

ドライヤー

〔dryer〕

ヘアドライヤーのこと。入浴後、髪を乾かしたり、セットしたりするための送風機。10円玉を入れると数分間起動する、謎の箱（コインタイマー）に接続されていることも。アメニティの一環として、無料で使用できる施設も多い。（編）

ドラクエ

複数人でサウナ施設を訪れ、サウナや水風呂、休憩も常に一丸となって行動すること。若者や新規サウナーに多く見られる迷惑行為。有名RPGの、キャラクターが連なった動きに例えられ、新型コロナウイルス感染症の流行期に命名、周知された。（草）

ドラゴンロウリュ

〔dragon löyly〕

千葉県・流山市〈スパメッツァ おおたか 竜泉寺の湯〉の「ドラゴンサウナ」における名物ロウリュ。サウナ室には、5台のサウナストーブと、対になったバズーカ型送風機が設置。10分おきにオートロウリュされるが、毎時00分には5台が一斉に大噴射！(は)

トランス

〔trance〕

通常の意識状態から外れ、深い集中や感覚体験を伴う状態のこと。サウナ→水風呂からの外気浴(休憩)中に訪れるトランス感覚を特に「サウナトランス」と呼ぶ。(お)

→ガンギマリ、ととのう

トリップ

〔trip〕

意識が別の場所に飛んでいるような感覚。砂時計の砂がサラサラと流れ落ちる様子や、水風呂における水面の揺れ、休憩中に見上げた天井の格子模様など、サウナーは様々な場所でトリップを楽しむ。(お)

とるこぶろ

【トルコ風呂】

西欧では「ハマーム(hamam)」「ターキッシュバス(turkish bath)」と呼ばれる、中東の都市でみられる伝統的な公衆浴場やトルコ風の浴場のこと。浴室自体を暖め、蒸し、大理石の温かい台の上に横たわり、汗をかく。身体を洗ってもらったり、マッサージされたりするが、介助するのは男性である。1951年に開業した〈東京温泉〉が「トルコ風呂」を大々的に売り出し、日本ではその名前が広く知られるようになる。この「トルコ風呂」は、箱蒸し風呂に入って温まった男性客たちを、薄いシュミーズ一枚身に纏った女性たちがかいがいしくマッサージするという内容で、実際のトルコ風呂とは異なるものだった。マッサージガールはトルコ風呂にならって「ミストルコ」と呼ばれ、未成年も働いていた。〈東京温泉〉のサービスが爆発的に広がり、浅草、

池袋、新宿などに次々と同じような店が開業した。店舗同士の客の奪い合いも激化した結果、中にはスタッフの女の子を薄着にさせ、やがて性的なサービスを行う店が出現。そのため、日本では本来のトルコ風呂とはまったく別の、独自の進化を遂げた「トルコ風呂」という性風俗が急速に拡大していく。1958年、売春防止法の公布により赤線が廃止されるが、「トルコ風呂」の数は激増。1964年には178軒にも増えていた。オリンピック後も勢いは止まらず、店舗数は増えるばかりで、数々の「トルコ風呂」を舞台にしたエロティックな映画も数多く作られた。東京大学に留学していたトルコ人留学生、ヌスレット・サンジャクリは、愛する母国の名前が日本で卑猥な名称として使われているのに憤慨。1984年に再来日した際、現東京都知事・小池百合子の協力を得て抗議運動を行った。マスメディアに大きく取り上げられたことにより、各県の特殊浴場協会が「トルコ風呂」の名称を用いないことを約束、東京都特殊浴場協会は新しい名称を一般公募した。こうして1984年12月に「ソープランド」という名称が誕生し、日本における個室付特殊浴場の名称が改変された。(草)

→東京温泉、ハマム

トロッコサウナ

〔trolley sauna〕

熊本県・上益城郡嘉島町〈嘉島湯元水春〉の岩盤浴エリア「健美楽汗房」にあるトロッコ式薬石サウナ。溶岩石と麦飯石が積み上げられたトロッコは移動式で、レールに乗って奥の800℃の釜で熱せられ、アツアツの状態で登場。トロッコが釜に入る様子は、厳粛な雰囲気で圧巻。ほかにも、大阪府に店舗を展開する〈延羽の湯〉(本店 羽曳野、鶴橋)などで確認することができる。(は)

トントゥ

〔tonttu〕

フィンランドに古くから伝わる小人の妖精で、森や湖、家の中などいろいろな場所にいて幸せを運ぶといわれる。サウナにも「サウナ・トントゥ」がいると信じられ、守り神としてサウナ室内にトントゥの置物が飾られる。フィンランドの子供は「トントゥが最後にサウナに入るから綺麗に使うように」と教わるとか。一方、トントゥは愛らしい見た目に反して実は気難しい一面もあり、ご機嫌を取って大事に扱わないと、逃げたり仕返しをされたりするそうだ。サウナでトントゥに出会ったら、見守ってくれていることに感謝し、丁重に接しよう。(お)

ないきよく

【内気浴】

サウナ→水風呂後の休憩を、室内で行うこと。夏季や冬季、雨天時などの場合は、室内の方が快適に休憩できることも。また、外気浴スペースのない施設では洗い場や脱衣所で休憩することになるが、東京都・墨田区〈スパ&カプセル ニューウィング〉のように浴室内の休憩環境に力を入れている施設も多い。(は)

→外気浴、風の滝

なかぎりかくたろう

【中桐確太郎】

(1872-1944)「風呂学」の泰斗。「日本哲学の父」と呼ばれる大西祝(はじめ)と、日本最初の体系的小説論『小説神髄』やシェイクスピア全集の翻訳などで知られる坪内逍遥(しょうよう)に学んだ教育学者であり、哲学者。研究分野は教育史、婦人問題、倫理学、英語など多岐に渡り、そんな彼の尽きぬ興味の一つに風呂があった。生まれた時の産湯(うぶゆ)から死んだ時の湯灌(ゆかん)まで、人の一生と切り離せない風呂に魅了された中桐は、日本各地の風呂や、仏教と風呂の関係を熱心に研究した。

1929年に雄山閣から出版された『日本風俗史講座』に含まれる「風呂」は、中桐の「風呂学」における重要な文献として知られている。そこでは、日本に留まらず朝鮮の汗蒸(ハンジン)から世界各地における風呂の風習を紹介しており、エスキモー民族の蒸気浴やネイティブ・アメリカンのスウェット・ロッジ、「魯西亜式蒸風呂(ろしあしきむしぶろ)」のひとつとして「芬蘭(フィンランド)地方の汽浴」も紹介している。(草)

→スウェット・ロッジ

なかやまさんぎょう

【中山産業】

サウナ設計、サウナストーブ販売の会社として有名な〈株式会社メトス〉の前身企業。1897年11月、中山清助は静岡県・稲取東町に9人兄弟の4男として生まれた。幼少期から機械いじりや工作が得意だった清助は、1924年に庄屋の跡取り娘である「ゆう」と大恋愛の末、結婚、鉄工所勤めをする。だが、時は昭和初頭の金融恐慌。勤め先も倒産、清助は単身上京。鉄鋼関係のつてを経て、1935年に小規模ながら月島(東京都京橋区月島西仲通り2丁目6番地)に〈中山製作所〉を開くことに成功した。機械は旋盤、ボール盤、ベンチドリル、グラインダーを有し、鉄工所や重機製作所の下請けやさまざまな仕事をこなし、支那事変の特需もあって繁盛したが、1940年8月、清助が42歳の若さで急逝してしまう。その後、妻の中山ゆうが女手一つで家業をきり盛りした。1942年、経理責任者を求めていた〈中山製作所〉に、のちに代表取締役になる冨安商儀が入社。1947 年2月、〈中山産業株式会社〉を設立、代表取締役に冨安が就任した。1962年に従来の営業の主力である空気圧縮機、エアーシリンダーなど空気関連部門及び製造部門を分離し、〈株式会社中山製作所〉を設立。従来の業務を〈株式会社中山製作所〉に委譲し、あらたに輸入商事業務を始め、海外の冷暖房機、製氷機の販売などを扱っていたが、1966年に日本で一早くフィンランド・メトスサウナ(〈インストルメンタリアム社〉製)を導入したことがサウナ企業として華開くきっかけとなった。2006年、40年間商標として使用していた「METOS」を商号とし、〈株式会社メトス〉に社名変更した。(草)

→サウナストーブ

なく

【鳴く】

鳥のさえずり声、動物が声を立てることを意味するが、サウナ用語ではサウナストーブにロウリュした際に出す「ジュジューッ.....！」という蒸発音や、急激な温度変化にストーブが出す「カンカン.....！」とい

う金属音を意味する。「歌う」と呼ぶ人も。

用例「ストーブが鳴いてるね～」(草)

なげる

【投げる】

柄杓に汲んだ水を遠くから「投げる」ようにロウリュをすること。フィンランドで多く見られる動作。日本では上から静かに注ぐようなロウリュが一般的であるため、フィンランド人の豪快なロウリュを見て驚く人も。(お)

→ロウリュ投げ選手権

なでる

【撫でる】

ウィスキングの際に、束ねたウィスクを体に沿うようにやさしく動かすこと。他にも、「叩く」「揉む」「挟む」「扇ぐ」などの動作がある。(編)

ならす

【慣らす】

一般的にある状態や環境を受け入れることを意味するが、サウナ用語としては高温のサウナ室や極度に冷たい水風呂に

徐々に体を馴染ませることを指す。用例「今日は18℃（の水風呂）から慣らしていこうかな」（草）

にっぽんおふろげんきぷろじぇくと

【ニッポンおふろ元気プロジェクト】

「おふろ業界から日本を元気に！」を合言葉に、温浴業界関係者とそのお客さんに元気を与え、日本を元気にすることを目的とする一般社団法人。温浴施設向けのセミナーや勉強会の運営、イベントサポートなど、活動は多岐に渡る。サウナに関しては、「熱波甲子園」の運営支援やYouTubeチャンネル「オフロナイトニッポン」による情報発信などが身近である。（中）

にほんさうな・おんれいよくそうごうけんきゅうじょ

【日本サウナ・温冷浴総合研究所】

一般社団法人で、略称は「日本サウナ総研」。サウナ→水風呂→外気浴にまつわるあらゆる専門的な調査を実施する、日本初のサウナ研究機関である。毎年サウナの日（3月7日）前後には「日本のサウナ実態調査」としてサウナ人口の推移を発表しており、年に1回以上サウナに入る人を「ライトサウナー」、月に1回以上サウナに入る人を「ミドルサウナー」、月に4回以上サウナに入る人を「ヘビーサウナー」と定義している。（中）

にほんさうながっかい

【日本サウナ学会】

サウナの医学的効能を明らかにし、人々の健康増進に役立てることを目標にしている学会。2019年設立。医学と健康を掲げてはいるものの間口は広く、サウナ好きであれば入会できる。年に一度、サウナ研究の論文募集があり、秋に開催される総会で学術大賞と奨励賞の発表がある。2021年度には、学術大賞とは別に文化大賞も制定され、本書の著者・草彅洋平による『日本サウナ史』が選出された。分野を問わないサウナ研究の数々。タイトルを眺めているだけでも、ととのってこないだろうか。（中）

にほんさうなし

『日本サウナ史』

編集者・草彅洋平による自費出版書籍（2021年8月刊行）。それまでサウナ業界で語られていた「1964年の〈東京オリンピック〉からサウナが広がった」という定説をひっくり返し、緻密な文献収集によって数々の新事実を突きつけた。その内容はサウナ業界のみならず「こんなにサウナ好きがいて、こんなに掘りがいのあるテーマに、いままでだれも取り組んでこなかったとは」（都築響一）、「蒸気と熱波の奥に隠れた『ととのう』歴史を掘り起こす」（平松洋子）「著者が綴る日本のサウナ史は、大河ドラマのようですこぶる面白い。その歴史は、海の向こうの未知なる世界に目を輝かせた日本人の軌跡であり、注目されてこなかった近代史でもある」（橋本倫史）、「笑わそうとするのではなく、歴史は時にコミカルなほど面白いのだと久しぶりに思い出した」（鈴木涼美）など、数々の作家や評論家から賞賛された。「第1回日本サウナ学会奨励賞文化大賞」受賞。（編）

にほんさうな・すぱきょうかい

【日本サウナ・スパ協会】

1990年、日本におけるサウナ営業者の資質向上、サウナに関する正しい知識の普及ほか、健全なサウナ事業の発展と育成、さらには環境衛生の向上に寄与することを目的に設立。現在は公益社団法人として、サウナおよびスパの健全な発展のため尽力している。(草)

にほんすぱしんこうきょうかい

【日本スパ振興協会】

特定非営利活動法人で、略称は“NSPA”。スパを「健康と美の維持・回復・増進を目的として、温浴・水浴をベースに、くつろぎと癒しの環境と様々な施術や療法などを総合的に提供する施設」と定義し、スパサービス提供者への指導・啓発、また安心して利用できる環境づくりを目的としている。主な活動に「スパアドバイザー検定」の運営や「スパ＆ウエルネス ジャパン」などイベントへの協賛などがある。(中)

にほんてんとさうなあんぜんきょうかい

【日本テントサウナ安全協会】

テントサウナの安全利用を目的に設立された非営利団体。略称は“JTSA”。テントサウナは、手軽に自分のサウナを始められる一方、火災や火傷、一酸化炭素中毒など、安全面には細心の注意が必要である。2023年、「JTSA テントサウナ安全運営アドバイザー資格」を創設し、テントサウナ利用者だけではなく、イベント主催者向けにも安全に対する啓蒙活動を行っている。事故が一度でも起きると、サウナ界への影響は計り知れない。安全と楽しみの両立のために、かけがえのない活動といえる。(中)

→テントサウナ

にゅうじょうせいげん

【入場制限】

サウナ施設、もしくはサウナ室の収容人数を制限すること。コロナ禍においては、サウナ室内でのソーシャルディスタンスを確保するために、サウナマットが間引きされたり、一度に入れる人数が明記されたりした。人気施設では、施設自体への入場を制限することもある。収容人数の多いスーパー銭湯などでは、施設へ入場することはできるもののサウナ室の前で並ぶことがあり、特に週末に多く発生する。サウナーは週末であれば昼間、または平日に利用することで混雑を避けるか、予約制の施設で混雑から逃れるしかない。(は)

にゅうよく
【入浴】

体の清潔や爽快感、病気の治療、宗教的な儀礼を目的として、湯や水、水蒸気などを用いて、裸で体を浸す行為。古くは「湯浴み（ゆあみ）」や「禊（みそぎ）」、「垢離（みずごり）」、「沐浴（もくよく）」と呼ばれ、海や川、湖などの水を用いて体や髪を洗い、心身を清めることを総じて意味する。当初は不浄や穢れを払い、聖と俗を分けることが入浴において重要な意味を持っていた。

世界最古の沐浴場は、紀元前4000年頃、メソポタミア南部にあった都市ウルクに、シュメール人によって建設された神殿群のものとされる。紀元前2500年頃に栄えたインダス文明最大級の都市モヘンジョダロには、完備された排水設備があり、各家に風呂が設置され、街の中心には共同浴場や大きな沐浴場も造られていた。これが世界最古の風呂、共同浴場とされている。

日本の開湯は4世紀頃で、成務天皇の代に熊野国造（くまののくにのみやつこ）の大阿刀足尼（おおあとのすくね）が発見したとされる、日本最古の共同浴場〈湯の峰温泉 つぼ湯〉が和歌山県にある。なお、国内に建造物として現存する最古の湯屋は、1239年に建造された〈東大寺大湯屋〉（重要文化財）である。風呂屋形の中にすのこを敷いて掛け湯したとされ、中世における浴室の様子を伝える貴重な遺構として知られている（非公開）。日本の入浴史を語る上で、6世紀に伝来した仏教の存在も欠かせない。仏教は汚れを洗うことによる「沐浴」の功徳を説いたことから、各地の寺で「温堂」（薬草などを入れた湯を沸かし、その蒸気を浴堂内に取り込んだ蒸し風呂）や「浴室」（湧かしたお湯を容器に入れ、体を洗う施設）が建立されたのだ。『仏説温室洗浴衆僧経』と呼ばれる経典も存在し、僧侶たちが入浴するだけでなく、布教を兼ねて貧しい人々や病人、囚人らに入浴を施す「施浴」が盛んに行われた。特に、光明皇后が貧困層への入浴治療を目的として建立させた〈法華寺〉の浴堂は有名で、「光明皇后の施浴」という伝説も残されている。飛鳥時代の身分の高い人は「湯帳」という浴衣を着て入浴した。

平安時代には公家の屋敷内に蒸し風呂（「風呂殿」と呼ばれた）が置かれるようになり、禊をするための「湯殿」もあった。上層階級は湯帷子（ゆかたびら）と呼ばれる麻の単衣を着用して入浴した。鎌倉時代になると庶民に無料で開放する寺社が現れ、やがて荘園制度が崩壊すると入浴料を取るように。これが「銭湯」の起源となる。鎌倉初期の頃から、ふんどしや湯文字を着用して入浴するのが一般的になった。

室町時代、京都の街中では入浴を営業とする銭湯が増え、室町時代末期の京都の景観や風俗を描いた屏風絵『洛中洛外図屏風』には、風呂屋で入浴する人々が描かれている。安土桃山時代頃からは裸で入浴をするように入浴のスタイルも変化した。

徳川家康が江戸城に入って間もない1591年、江戸城内の銭瓶橋（現在の大手町付近に存在した橋）の近くに伊勢山田出身の与市なる人物が作った風呂が、江戸における「銭湯」の起源となった。火事の多かった江戸は、防災の点から大名の武家屋敷のみが内風呂を持つことが許され、庶民の家では禁止されていた。そのため、銭湯が急速に発展。その増加と共に、蒸気を浴びる蒸し風呂から湯浴と蒸気浴の中間のような「戸棚風呂」が出現し、次第に現在のような「湯に浸かる」入浴形式へと変化した。蒸し風呂型式が「風呂屋」と呼ばれた一方、湯船に入る型式は「湯屋」として親しまれた。新しく登場した湯屋の人気が高まり、風呂屋の数は時代を追うごとに減っていく。

江戸時代初期から銭湯には、垢すりや髪すきのサービスを提供する「湯女（ゆな）」が出現。徐々に酒食の相手や音曲に加え売春をするようになり、やがて幕府はこれを禁止するようになる（以降は「三助（さんすけ）」と呼ばれる男性が垢すりや髪すきを行うように）。一方で老若男女が混浴で湯に入る「入込湯（いりこみゆ）」という銭湯も出現。風紀が乱れたことから、1791年には幕府から「男女入込禁止令」の御布令が出されたものの、なかなか守られず、混浴の時代が長く続いた。式亭三馬が刊行した滑稽本『浮世風呂』（1809-1813）には、「田舎者でござい、冷えものでござい、ごめんなさい、といい、あるいはお早い、お先へと演べ、あるいはお静かに、おゆるりなどという類い、すなわち礼儀である」「不慣れだから、無礼があったらごめんなさい、冷えた体があたったらごめんなさい」などと断ってから湯船に入るとある。これは銭湯内から湯気が出ないように窓もなく、入り口も低く仕切られていたため、暗く何も見えず、ぶつからないように常に声をかける必要があったからである。

1810年には523軒の銭湯が江戸で営業していたと記録されている。銭湯研究家の町田忍は「そんな銭湯だが、江戸時代が幕を閉じると、明治政府は、西洋人の混浴に対する批判を受けて、混浴を禁止し、開放的な銭湯にするよう命じた。1877年、東京神田に新しい開放的な天井の高い湯気抜きで、浴室と脱衣場が一体となった銭湯が登場、従来の銭湯に対して「改良風呂」と呼ばれた。ここに至って現在の銭湯の基本的構造が確立されたのであった。その後、タイルやカラン（蛇口）などが登場し、1908年には、東京では1217軒まで増えた。全国の銭湯の最盛期は組合の資料によると1968年の18325軒となっている」（「銭湯ことはじめ—庶民の入浴文化」）と書いている。

1980年代後半には、通勤・通学前にシャンプーする「朝シャン」が若い女性の間で流行した。現在は入浴方法が多様化しており、浴槽で入浴する代わりにシャワーで体を流す「シャワー浴」で風呂を済ます人や、サウナ、岩盤浴といった様々な入浴方法が存在する。また、入浴前後のリラクゼーションやビジネス利用などが重要視されている。時に入浴はファッションやブームとなり、時代を動かしていくことは、現在のサウナブームからも窺えるだろう。（草）

→三助、施浴、戸棚風呂

ニルヴァーナ

〔Nirvana〕

全ての煩悩が消え去り、悟りの境地に至る「涅槃（ねはん）」を意味するサンスクリット語。サウナ→水風呂→外気浴のルーティンで得られる深いリラックスと解放感、恍惚感を表現する際に用いられる。頭の中にあった悩みや苦しみが消え、究極に穏やかな悟りの状態を疑似体験できるのは、サウナの大きな魅力である。（お）

→ととのう

ぬし

【主】

サウナ施設に毎日いる常連客のこと。オーナーとは別で単なる客だが、サウナ室に私物を持ち込んだり、新参客に厳しく指導したり、独自ルールを強要することも。だが、それがその施設独自の文化として花開くこともある。（草）

ぬすみさうな

【盗みサウナ】

銭湯など、入浴料金とサウナ料金が別料金となっている施設で、入浴料金しか支払っていないにもかかわらず、サウナを利用する者がいるらしい。サウナバンドや専用バスタオル、サウナキーなどを渡すことで、施設側も対策はしている。東京都・杉並区〈ゆ家 和ごころ 吉の湯〉には「盗みサウナにご用心」との張り紙が。しかし、常に目を光らせているわけにもいかない。最後の砦は、利用者の良心である。（中）

→サウナキー

ネオン

〔neon〕

サウナには、ネオンサインがよく似合う。フィンランド・ヘルシンキ最古の公衆サウナとして知られる〈コティハルユ・サウナ(Kotiharjun Sauna)〉の質素かつ強烈な外観のせいだろうか。大阪府・大阪市〈サウナシャン〉のどこか懐かしい夜景も忘れられない。サウナはいつも、心を照らしてくれる。(編)

ねさうな

【寝サウナ】

寝ながらサウナに入ること。温かい空気は上に溜まるため、サウナ室内で座っていると頭部と足先で温度差が生まれてしまう。寝そべった状態となることで全身に熱を感じることができ、特に足先などの末端まで均等に温めることができる。通常の施設ではマナー違反とされるが、東京都・北区〈カプセル＆サウナ ロスコ〉(男湯のみ)や大阪府・東大阪市〈なにわ健康ランド 湯〜トピア〉では、サウナ室内にベッドスペースが用意されている。また、施設によっては「人がいない場合のみOK」として、木製の枕が置かれている場合もある。(は)

ねついれ

【熱入れ】

サウナ→水風呂の後に、一旦お風呂を挟んで体を温めること。ゆっくりとクールダウンできるので、特に冬場の外気浴における足冷え対策として、千葉県・流山市〈スパメッツァ おおたか 竜泉寺の湯〉などが推奨している。(お)

→クールダウン

ねつたいせい

【熱耐性】

サウナ室は、とにかく高温多湿である。そうした過酷な環境に対する適応力と忍耐力を熱耐性と呼んでいる。サウナ室における熱耐性は、その人の体質や年齢、持病の有無、運動習慣、その日の体調などによって決まる。医師への相談や他人の声に耳を傾けると共に、適切な水分補給など自分の意志でコントロールできるものと、加齢や持病などコントロールできないものを見極め、

常に体調をととのえ、安全にサウナを楽しみたいものである。(中)

ねっぱ

【熱波】

著しく高温の気体が連続して押し寄せる気象現象。寒波の逆。時に死傷者が出ることも。世界気象機関(WMO)は、日中の最高気温が平均最高気温を5℃以上上回る日が5日間以上連続した場合と定義している。サウナ用語としては、高温のサウナ室に入った際やサウナ室内で人が動くことにより発生する熱対流、そしてアウフグースによって起こされる風のことを呼ぶ。

また、日本独自に発展したアウフグースそのものを「熱波」と呼び、海外のアウフグースとは別のスタイルとして存在している。なお、元プロレスラーで熱波師の井上勝正が提唱する、熱波師とサウナを道場と化した「熱波道」も存在する。それはまた、サウナイベント「熱波」を通じて、熱波師の発する熱き波動が受け手の抱える社会での重圧と激情、そして哀しみを全身全霊で昇華させるという哲学でもある。(草)

→アウフグース

ねっぱこうしえん

【熱波甲子園】

〈日本サウナ熱波アウフグース協会〉が主催する、協会加盟の温浴施設や企業、個人による「熱波」の技術レベルを競い合う大会。主に「熱波甲子園春」(横浜で開催)、「熱波甲子園秋」(各地で開催)があり、どちらもチャンピオンが誕生する。年末には、この1年に誕生したチャンピオンたちによる「チャンピオンカーニバル」が開催され、日本一のチームが誕生する。公式バスタオルを用い、水を10cm入れた2Lペットボトルをボーリング式に10本並べ、そのうち熱波で何本落とせるかを競い合う「テーブル ペットボトル落とし」、サウナ室の2段目に座った人に3回仰ぎ、風速計で計る「サウナ風速計」、審査員4人にロウリュとアロマなしで熱波し、採点される「おもてなし演舞」の3種目で競われる。(草)

ねっぱし

【熱波師】

サウナ内において、ロウリュによって発生させた高温の蒸気をタオルで拡散し、客を心地よく蒸す技術者のこと。熱波作業を行うサウナスタッフの総称。熱波をする際の衣装は施設のTシャツや制服、コスプレなど様々だが、火傷しないよう長袖や軍手を着用する人も多い。タオル以外にうちわ、ブロワーなども使用される。サウナ室の人数管理や予約確認、安全管理、健康状態のチェックなど、様々な業務を兼任しながらロウリュサービスを行う必要がある。音楽に合わせてタオルを振るなど、様々なパフォーマンスが存在。いつから日本で熱波師の職業が定着したのかは定かではないが、ドイツ・フランクフルト郊外のクアハウス〈タウナス・テルメ〉と提携して建設された1988年開業の〈札幌テルメ〉(現〈シャトレーゼ ガトーキングダム サッポロ ホテル＆スパリゾート〉)から始まったとされている。また、プロとして業務を行う「職業熱波師」が誕生したのは、2010年代半ばとされている。熱波師の資格も存在し、〈日本サウナ熱波アウフグース協会〉が実施している「熱波師検定」に合格すると、各ランクの資格を取得できる。最近では、俳優の磯村勇斗が熱波師ネームとして「エレガンス磯村」を名乗ったり、元〈KANA-BOON〉の飯田祐馬が熱波師に転向したりするなど、芸能界や音楽界からの参入も熱い。(草)

→アウフギーサー

のしいか

【伸し烏賊／熨斗烏賊】

ベンチなどがふやけてボロボロになり、木材部分が裂けていたり繊維状になっていたりする、極度に老朽化したサウナ室を指す。CULTURE SAUNA TEAM “AMAMI” 内で使われ出した用語。[用例]「昨日行ったサウナはベンチがのしいかだったよ」(草)

のめるみずぶろ

【飲める水風呂】

飲用としても利用できる水を使った水風呂のこと。静岡県・静岡市〈サウナしきじ〉、東京都・北区〈カプセル＆サウナロスコ〉、兵庫県・神戸市〈神戸クアハウス〉、富山県・富山市〈スパ・アルプス〉などが有名。持参したボトルなどに水を入れて持ち帰ることができる施設もある。(は)

パーヴォ・ヌルミ

〔Paavo Johannes Nurmi〕

(1897-1973) フィンランドの陸上選手、実業家、国民的英雄。幼少期から陸上競技に興味を惹かれ、熱心にトレーニングを行い、12歳で学校を中退して家計を支える仕事に就くも、陸上選手の夢を諦めなかった。1920年〈アントワープオリンピック〉のトレーニング中にフィンランド記録を作ると、1500m競走から20km競走まで生涯を通して計22の公式世界記録を打ち立てた。夏季オリンピックに3度出場し、金メダル9個、銀メダル3個を獲得した。その絶頂期には800m以上の競技において121レース無敗で、14年間の選手生涯においてクロスカントリー競走と10000m競走で無敗を維持した。この実績を評して「フライング・フィン」(世界的に著名なフィンランド人のスポーツ選手に対して称える愛称)と呼ばれて親しまれている。サウナの普及に一役買った人物で、1924年に開催された〈パリオリンピック〉で5つの金メダルを獲得した際に「フィンランドのサウナのおかげ」と発言したという伝説を持つ。

常にストップウオッチをもって走るヌルミのトレーニング方法は世界の陸上選手に多大な影響を与え、分析的なスポーツトレーニングの革命となった。日本では、1929年に詩人・彫刻家の高村光太郎が「或る筆記通話」という詩の中にヌルミを登場させた。1933年にフィンランドに赴任した外交官の市河彦太郎は、フィンランドが「ヌルミランド」と呼ばれるくらい、世界的に人気のスポーツマンだったと著書に書いている。1934年に引退、フィンランド走者のコーチになった。戦後は建築業と株式トレーダーで財をなし、フィンランドの大資産家になった。1952年〈ヘルシンキオリンピック〉では最終聖火ランナーを務め、世界中の陸上競技ファンを熱狂させた。なお、ユーロ導入前のフィンランド法定通貨「マルッカ」の紙幣(10マルッカ紙幣)にはヌルミの肖像が描かれている。(草)

→選手村

バーガーキングサウナ

〔burgerking sauna〕

フィンランド・ヘルシンキにあるファストフード店〈バーガーキング マンネルヘイム店〉には、なんとサウナがある。地下1階に最大15人を収容できるスパスペースが存在し、バーガーキングのロゴに合わせた赤・青・黄・白を基調としたポップなデザインのサウナ室では、ハンバーガーやビールなどの食事を楽しむことも可能だ。「観覧車サウナ」と並び、フィンランドならではのユニークな変わり種サウナである。(お)

バーニャ

〔баня〕

ロシアにおける蒸し風呂の呼び名。「バニア」とも。ロシア出身でドイツの言語学者、マックス・ユリウス・フリードリヒ・ファスマーは、民衆の話すラテン語の「水に浸かる場所」という言葉が、11世紀にロシアに入ってきたことを語源とした。だが、イタリア起源説やスラヴ起源説など諸説あり、現在もはっきりと解明されていない。V・A・リピンスカヤ編著（齋藤君子訳）『風呂とペチカ：ロシアの民衆文化』（群像社）によれば、身体を洗い蒸気浴する場所（風呂）だけでなく入浴する行為をも表し、広範囲の意味を持つ言葉だという。同書によれば、風呂小屋以外に住居の中やペチカ（ロシア式の暖炉）の中で蒸気浴を行っていた歴史があり、同様にバーニャと呼ばれていたという。また、バーニャは単に蒸気浴をする場所ではなく、病気の治療やお産をする場として、若者たちの出会いの場、遊びや占いの場として、また洗濯など生活の一部にも利用された。特に、北ロシアの婚礼においては、蒸気浴の儀式（花婿と花嫁が婚礼前夜に同年齢の友人たちを集めて催すロシア式バチェラー・パーティー）などが実在した。

なお、北方諸島とシベリアでは、花嫁は厳かに祝福の言葉、歌、泣き歌をもって沐浴したという。こうした話は、花嫁が風呂小屋の精霊「バーンニク」と結ばれる、古い儀式のなごりであるとされる。元国立民族学博物館教授であり、文化人類学者である吉田集而は、著書『風呂とエクスタシー：入浴の文化人類学』（平凡社）において、フィンランドのサウナとの違いは「ほとんどない」と断言している。

> ロシアで広く用いられている風呂をバニアという。バニアは前述のサウナと異なるところはほとんどない。家の構造も、シラカバの枝の束で身体をたたくのも、その後に外で風に当たったり、冷気を浴びたりするのも同じである。ただ、バニアのほうが蒸気を多く放出するようである。イヴァン・ロパティンのバニアの記述を見ても、蒸気が部屋いっぱいに広がるまで、焼き石に水をかけている。特に都会の公衆浴場では、サウナに比べて温度が低く、かつ蒸気で満たされている。このようなバニアを「白いバニア」という。蒸気で満たされているため、ヨーロッパからの旅行者は、ロシアのバニアを蒸気浴とみなした。後にヨーロッパにバニアが取り込まれるさい、蒸気浴として取り込まれたのはこのためである。
> （中略）
> ロシア人もフィンランド人と同様に、風呂なしではすまされない人々である。彼らは、どこにでもバニアを作った。シベリアにおいても、ロシア人のいるところにはバニアが作られた。

（中略）
ロシア人にとっては、この風呂は決して「サウナ」ではなく、「バニア」にほかならない。しかし、同じような風呂でありながら、バニアという名称はついに世界に広がらなかった。一小国の風呂であるサウナが世界的な広がりを持ち、大国であるロシアの風呂が世界に広まらなかったのは、ロシア側にも理由がある。ひとつには、東西冷戦により、ソ連の内情を外に知られないようにしていたことが挙げられるだろう。それはちょうどサウナが世界に広まろうとしていた時期に当たる。いまひとつは、バニアは近代化に遅れをとった。ガスや電気への転換が遅れたのである。

乾式のサウナに比べて、バーニャは蒸気式で室内の湿度がやや高い。決定的に異なるのは、バーニャには必ず寝台があることだ。サウナ室の中にある寝台に寝転び、木の枝葉（ヴェーニク）で身体を叩いたり押し当てたりする「ウィスキング」がメインになっている。サウナもバーニャもドイツ式のアウフグースを行わないが、バーニャはヴェーニクを扇いで熱気を送る、アウフグース的なことを行う。また、湯を沸かすための伝統的な金属器具「サモワール」が煙突部分や室内に取り付けられていることが多い。これは風呂上がりに紅茶やウォッカを楽しむロシアの風習によるものだ。
一口にバーニャといっても、個人の家庭風呂からダーチェ（ロシアの別荘）にある丸太小屋のクラシカルなもの、公衆浴場の大きな施設まで存在する。ロシアの人々はバーニャの風習を殊のほか愛し、誇りに思っている人が多い。（草）
→ウィスキング、ヴェーニク

ハーバルサウナ

〔herbal sauna〕

タイやラオスなどの東南アジアで見られる、ハーブを使ったスチームサウナのこと。ミントやレモングラス、ユーカリ、生姜などのフレッシュハーブを窯炊きして発生させた蒸気をサウナ室内に送り込む。強烈なまでに濃厚なハーブの香りと、真っ白なスチームを全身で受け止める感覚は、スチームサウナの概念を覆すほどの心地よさで、一度体験すると虜になってしまうサウナーも多数。アーティスト・栗林隆の手掛けるサウナ型アート「元気炉」も、タイのハーバルサウナに影響を受けた作品である。（お）
→元気炉、薬草サウナ

ハーブ

〔herb〕

料理の香り付けや保存、薬品、防虫などに利用される植物。サウナ室をフレッシュな香りで包み込む。岐阜県・各務原市〈恵みの湯〉では、自社農園で摘んだローズマリーやセージ、カモミールなどを贅沢に使用した「ととのい生ハーブロウリュ」を味わうことができる。（編）

ばいおんよく

【倍音浴】

シンギングボウルなどを奏でることで発生した倍音の響きを全身で浴びること。瞑想やリラクゼーションにも用いられ、サウナとの相性も抜群。重厚な音の揺らぎが深いととのいへと誘う。（お）
→シンギングボウル

バイブラ

泡風呂のこと。主に浴槽内に大量の気泡を発生させ、泡の刺激を楽しみながら入浴できる風呂。浮力によって上昇する気泡が全身に刺激を与え、マッサージ効果をもたらし、血行を促進させて疲労回復効果があるとされている。「振動」を意味する“vibrate”からとった和製英語といわれているが、いつ誰がその名前を付けたのかは不明。なお、水風呂内に設置されることもあり、「羽衣」を剥がしてしまうことから嫌厭するサウナーもいる。（草）

→羽衣

ハカロウリュ

〔tuhka löyly〕

スモークサウナにおいて、サウナストーンの表面に付いた灰を取り除くためにロウリュすること。スモークサウナでは、4〜6時間をかけて薪が燃え尽きるまでサウナストーンを熱する。サウナ室に充満した煙や灰は、扉や小窓を開けて新鮮な空気と入れ替え、丁寧にかき出していく。仕上げとして、灼熱の石に水をかけて灰を洗い飛ばす。スモークサウナの真っ黒な壁、小窓から射す日、ハカロウリュによって舞い上がり、小窓から飛び出す光の粒。神々しさを感じる瞬間だ。（中）

→スモークサウナ

ばくはんせき

【麦飯石】

石英斑岩あるいは花崗斑岩の一種。外観が麦飯のように見えることから名付けられた。石の薬として、古くから皮膚病を治す漢方薬として用いられていた。日本では、岐阜県でしか採掘されていない。多孔質で吸着作用があるため、水の中の不純物や有害物質を除去し、水を清浄にしてくれる働きが一定期間ある。そのため、水槽に使用したり、飲用のフィルター代わりに利用したりする人もいる。神奈川県・厚木市にある〈湯花楽 厚木店〉や東京都・新宿区の女性専用サウナ〈ルビーパレス〉には「麦飯石サウナ」がある。また東京都・墨田区の〈黄金湯〉のサウナ室の壁面は麦飯石で覆われており、麦飯石による輻射熱も人気だ。（草）

ばくふうろうりゅ

【爆風ロウリュ】

ブロワー（送風機）による風速80 mの爆風でアウフグースする、埼玉県・草加市〈湯乃泉 草加健康センター〉の名物イベント。熱いを通り越してもはや痛いが、それがク

セになる人も。(S)

バケツシャワー

〔bucket shower〕

桶シャワーの別称。「ガッシングシャワー」とも呼ばれる。(編)

→桶シャワー

バケット

〔bucket〕

ロウリュ用の水を溜めておくバケツ。ラドル(柄杓)と同様に、耐熱性のある木製であることが多い。(編)

→ラドル

はこだてびーと

【函館ビート】

巨大なビート板タイプのサウナマットのこと。CULTURE SAUNA TEAM "AMAMI" 一行が函館サウナ巡りをした際、一連のサウナ施設に巨大なビート板が設置されているのを発見。独自の文化とみなし、社会学的考察として呼ぶようになった。用例「このあいだ行った〈恵びす温泉〉(神奈川県・横浜市)が函館ビートだったよ」(草)

はこむしぶろ

【箱蒸し風呂】

木箱から首だけ出して全身を蒸気で温める、日本古来の蒸し風呂。頭部に蒸気が当たらないためのぼせにくく、快適に汗を流すことができる。箱から首が生えている画は、なかなかインパクトがある。戦後まもなく〈東京温泉〉が「サウナ」と銘打っていたのも、このスタイルの入浴法だ。(編)

→トルコ風呂

はごろも

【羽衣】

サウナ後、水風呂にゆっくりと入りジッとしていると、火照った肌の表面と冷たい水風呂の間に薄い「膜」が生成されたように感じる。この温度差による膜は「羽衣」と呼ばれ、サウナーから珍重されている。冷たさを感じにくくすると同時に、通常より長く水風呂を楽しむことができるからだ。ただ、ほんの少しの動きでも膜は壊れてしまうため、誰かが入水した瞬間にお楽しみは終わる。同じ理由で、バイブラの水風呂では生成されない。(草)

→バイブラ

はごろもくずし

【羽衣崩し】

水風呂の中で、自ら体を動かすことで全身に纏った羽衣を崩し、体感温度を下げる行為。水温の高い水風呂で有効だ。一方で、羽衣を崩されることを嫌うサウナーもいる。水風呂に先客がいる場合は、静かな入水を心掛けたい。(は)

→羽衣

はしりゆ

【走り湯】

静岡県熱海市、相模湾を臨む伊豆山神社の麓の小さな洞窟にある、日本でも珍しい横穴式源泉スポット。山麓から湧き出た湯が海岸へと飛ぶように流れ落ちる様から「走り湯」と名付けられた。洞窟内では温度70℃、毎分100L以上の熱湯がゴボゴボと噴出。濃厚な温泉蒸気に満ちており、まさに大自然が生んだ温泉スチームサウナ。無料で見学可能だが、あくまで史跡であり入浴施設ではない。火傷や怪我などに気をつけて、安全第一での見学を。(お)

バスタオル

〔bath towel〕

その名の通り、湯あがりに体を拭いたり、覆ったりする大判のタオル。テレビなどで

は、全身や腰に纏って入浴シーンが撮影される。サウナマット代わりに貸し出す施設もある。外気浴でブランケット代わりにしたり、アウフグースに使用されたりもする。(編)

→アウフグース、サウナマット

ハチミツ

【蜂蜜】

ラトビアでは、サウナ後に全身にハチミツを塗る健康法があるという。主に保湿目的で用いられる。「サウナハニー」とも。お茶に入れて飲んだり、ウィスキング中に使用されたりすることもある。(編)

ばっかん

【爆汗】

滝のように汗をかくこと。ととのうための第一歩。(編)

バッキバキ

ととのいを表す擬態語。(編)

→ガンギマリ

はったつ

【発達】

「ととのう」のその先の感覚。2021年に開業した福島県・南相馬市〈サウナ発達〉が提

唱。また、地域と共に発達していきたい想いも込められている。内装は唯一無二の雰囲気を醸し出しており、アースバッグ工法により高湿度が保たれている。(中)
→アースバッグサウナ

はってんば
【ハッテン場】

男性の同性愛者(ゲイ)が、出会いを目的に利用する場所のこと。ハッテン場として認知されているサウナ施設も存在するとか。しかしながら、公共の施設においては「他のお客様のご迷惑になる行為」は禁じられており、施設や利用者とのトラブルを招きかねない。(お)

パノラミックサウナ
〔panoramic sauna〕

神奈川県・大磯町〈大磯プリンスホテル THERMAL SPA S.WAVE〉の絶景サウナ。右手に富士山、正面に太平洋というパノラマビューを眺めながら、40〜50℃の低温サウナで寛ぐことができる。着衣混浴のため、カップルで楽しむことも。(は)

ハマム
〔hamam〕

トルコなど中東に古くから伝わる公衆浴場のこと。アラビア語で「ハンマーム(حمام, hammām)」とも。低温の蒸し風呂で、大理石の上で汗をかき、台に横たわって体を洗ってもらったり、マッサージされたりするのが特徴。日本では「トルコ風呂」として独自の歴史を辿った。(編)
→トルコ風呂

ハムエッグ
〔ham and eggs〕

カレーや餃子などと並ぶ、サ飯の代表格。東京都・台東区〈サウナセンター〉の「ハムエッグ定食」は絶品。(は)
→サ飯

バレルサウナ

〔barrel sauna〕

"barrel"とは、胴が膨らんだ形の樽(たる)のこと。主に木造の樽型サウナを指すが、総じて丸い筒状のサウナ自体を呼ぶことが多い。国内では100～300万円ほどで購入でき、床面積が10㎡以下の場合には建築確認申請が不要となるため、庭や小屋、デッキ、裏庭、プールなどに手軽に置き、サウナを楽しむ人も多い。発祥は不明だが、既存の樽をリサイクルして簡易サウナにしたのが始まりと推察される。なお、バレルサウナを販売している企業がwebサイトなどで「フィンランドが発祥」「サウナ発祥の国フィンランドに昔から伝わる」「フィンランドでよく使われている」と書いているが、これはすべて誤りである。国際サウナ協会会長のリスト・エロマーによれば「バレルサウナが最初に作られたのはどこなのか、私はよく知りません。フィンランドか、他の国かもしれません。また、バレルサウナはフィンランドの伝統的なサウナではありません。フィンランドには小さなメーカーが数社ありますが、ビジネスとしては小規模です。実際、国内にある約300万のサウナのうち、バレルサウナはごくわずかしかありません」とのこと。なお、最大メーカーはアメリカの〈Almost Haeven Sauna〉。(草)

パワーヒッター

〔power hitter〕

公衆浴場の浴槽に家庭用入浴剤をぶち込む迷惑行為。2023年3月5日に事件が起きた、京都府・京都市〈玉の湯〉が命名。(編)

はんじゅんまく

【汗蒸幕】

韓国式サウナ。幕(ドーム)型に作られた部屋を高温に熱し、その中で体を温めて汗を流す(汗蒸(はんじん))遠赤外線サウナのこと。一般的に、ドームは黄土(ファント)と薬石を積んで造られている。室温は90～150℃程度と高く、短時間で一気に発汗を促す。髪や肌を熱から守るために、麻布を頭から被って入室することが多い。その起源は、暖を取るため岩の洞窟で松の木を燃やしたことから。そのため、燃料に松の木を使うのが伝統的なスタイルである。

公式の記録では、1422年に貧民救済を目的として、李氏朝鮮の第4代国王である世宗(セジョン)が「汗蒸所(ハンジュンソ)」をソウル内に設置したことが記されており、これが汗蒸幕の始まりとされる。当時は僧侶が管理し、国営であった。1429年から男女

別々の施設が建てられた。ところが、1481年を最後に300年ほど公式な記録から途絶え、再び記録に現れるのは1777年で、この時に「汗幕」と記されている。
日本では、宮城県・仙台市にある〈汗蒸幕のゆ〉や、スッカマ（炭窯汗蒸幕）が楽しめる京都府・相楽郡精華町〈スッカマ源氏の湯〉などで体験できる。なお、韓国のスーパー銭湯であるチムジルバンの中に汗蒸幕が設置されていることも多い。（草）
→黄土サウナ、チムジルバン

はんせいぼう

【反省房】

東京都・北区〈カプセルホテル＆サウナ コスモプラザ赤羽〉の外気浴スペースの名称。浴室を出て脱衣所を超えた先のデッドスペースに、ととのい椅子が3つ並べられている。無骨な雰囲気から、刑務所の「懲罰房」を連想させる。なお、反省房の壁には某有名タレントの写真が貼られている。（は）

ばんだい

【番台】

文字通り、番をする台である。板の間稼ぎを監視し、浴室で事故がないように見守るため、入り口を背にして脱衣場、浴室を向いて設置されている。広く見渡せるよう、高い位置に設置されており、料金の支払いなどが行われる。江戸時代の錦絵にも描かれていた銭湯の定番設備であるが、近年では番台式からフロント式へ切り替える銭湯も多い。そんな中、2022年に開業した東京都・渋谷区〈渋谷SAUNAS〉では、入館後にタオルや館内着を受け取るフロントがとても高い位置にある。古き良き番台の風景を残したものだという。（中）

ハンモック

〔hammock〕

自分だけの外気浴スペースを作るのなら、ハンモックを設置したい……。そんな妄想を実現してくれるのが、東京都・墨田区〈押上温泉 大黒湯〉である。ウッドデッキの外気浴スペースは秘密基地感に溢れ、間近に見るスカイツリーと相まって夢見心地に。（編）

ピート

〔peat〕

植物の遺骸が十分に分解されずにできた泥炭のこと。フィンランドでは、泥パックのように全身へ塗布してサウナに入ることで、血液循環を活性化するピートケアが知られている。洗い流したピートは、（他の人の肌へと）再利用されることも。（編）

ヒートショック

〔heat shock〕

急激な温度差によって血圧が上昇・下降し、心臓や血管に負荷がかかることで心筋梗塞や脳出血などの重篤な疾患を引き起こすリスクが高まること。予防法としては、極端な入り方を避け、サウナ室内ではまずは下段から、水風呂ではぬるま湯のシャワーなどで体を少しずつ慣らしながら入る、などがある。(草)

びーとばん

【ビート板】

サウナ室の前に設置されることが多く、入室時に持ち込みサウナマットとして使用する。退室後は、水でさっと流して元の位置に返却しよう。(編)

→ケツ焼き、サウナマット、函館ビート

ひいれ

【火入れ】

植物の生育を促進するための野焼きや、日本酒のアルコール度数を調整して風味を整える工程など、様々な分野で用いられる言葉。サウナにおける火入れとは、大きく二つの意味がある。①薪を熱源としたストーブで、着火から安定稼働させるまでの工程。②新しいサウナ施設やリニューアルしたばかりの施設でサウナストーブを初稼働させること。(中)

ひしゃく

【柄杓】

→ラドル

ビックリシャワー

神奈川県・横浜市〈ヨコヤマ・ユーランド鶴見〉にある2台の立ちシャワー。ボタンを押すと、頭上から大量の水が落下する。水風呂前の汗流しを一気に済ますことができる。(は)

ひやしはっと

【冷やしハット】

大阪府・大阪市〈サウナシャン〉の粋な貸し出しサービス。サウナハットを冷やすという発想に敬意を払いたい。(編)

ピルツ

〔pirts〕

ラトビアに古くから伝わる入浴文化で、「ラトビアのサウナ」とも。薪ストーブで暖められたピルツの中では、植物やハチミツなどを用いたマッサージ(ウィスキング)が行われ、その施術者は「ピルツマイスター」と呼ばれる。これはラトビア政府によって認められる国家資格であり、ピルツを学ぶスク

ールも存在する。民間療法であるとともに、心と体を浄化する神聖な儀式スピリチュアル・ジャーニーでもある。(編)

ピルティス

〔pirtis〕

リトアニアに伝わる入浴文化。「リトアニアのサウナ」とも。白樺などの枝を束ねて作られたヴァンタ(ウィスク)を使って身体を叩くのが特徴。冬季には、凍らせたり、塩を付けたりしたヴァンタが用いられることも。(編)

フィーバータイム

〔fever time〕

主にパチンコで目が揃った状態を指すが、サウナ用語としては薬草サウナやスチームサウナなどで発生する、蒸気が噴出する時間のことを意味する。スチームサウナでは、それまで穏やかだったストーブが突如蒸気を噴出させ、室温が急激に増す現象が起こることがある(もちろん使用しているストーブにもよる)。オートロウリュなどと違って、いつ発生するか時間を予測できないことから、レア度が高い現象としてサウナーには認知されている。特に、静岡県・静岡市〈サウナしきじ〉の薬草サウナにおけるフィーバータイムに一度は入っていみたいという人は多い。別名「ジャックポット」とも。(草)

フィトンチッド

〔phytoncide〕

植物が外敵から身を守るために空気中に放出する化学物質のこと。「植物」を意味する“phyto”と「殺す」を意味する“cide”からなる言葉で、周囲の草を枯らせたり、虫を追い払ったりする効果がある。ただし、我々の多くは、植物に囲まれた環境に身を置くと、安らぎと心地よさを感じるだろう。人間は植物にとっての外敵ではなく、共に生きてきた仲間であるといえるのかもしれない。また、東京都・墨田区〈寺島浴場〉のように、フィトンチッドを含むアロマを噴霧し、疑似的に森林浴を体験できる温浴施設も存在する。(中)

フィンランド

〔finland〕

正式名称は「フィンランド共和国(Suomen tasavalta)」。北欧に位置する共和制国家で、首都はヘルシンキ。東はロシア連邦と隣接し、西はスウェーデン、南はフィンランド湾を挟んでエストニア、北はノルウェーが位置している。国土の7割以上が森林に覆われ、湖の数は約188,000ある。フィンランドの歴史は①先史時代(-1155)、②スウェーデン時代(1155-1809)、③ロシアによる大公国(フィンランド大公国)時代(1809-1917)、④独立後の現代(フィンランド王国時代を含む、1917-)と主に4つの時代に分けられる。

フィンランドが世界に広めた言葉に"sauna"がある。数千年前の中央アジアで遊牧生活を営んでいた、フィンランド民族の祖となるウラル語族のフィン－ウゴル語系集団が、当時から「ダグアウトサウナ」(簡単なテントサウナ)と呼ばれる原始的なサウナを行っていたという説がある。やがて、彼らがヴォルガ川流域から西進して前500年ごろにバルト海沿岸に到達すると、「マーサウナ」(アースサウナ、地中に埋められたサウナ小屋)を経て「スモークサウナ」が作られた。その後、スウェーデン時代に裸体で男女が入浴することに否定的だったキリスト教文化が流入するが、フィンランドのサウナ入浴に性的な意味はなく、精神の浄化作用を目的とした神聖な行為として例外的に認められたことが、隣国と一線を画す蒸気浴文化を練り上げたといわれる。後にロシアから独立する際、フィンランド民族主義の台頭とともに自国の文化を再発見し、ロシア文化と明確に分けるようになった。この時代以降、ロシアの「バーニャ」(ロシア式蒸し風呂)とは異なる「サウナ」が独自性を帯び、広がっていく。

なお、人口554万(2021年現在)に対し、サウナの数は推定300万に上るといわれている。一戸建ての住宅から小さな市営アパートまで、日本の風呂と同じようにサウナが設置されており、日常的に利用されている。また、湖畔にあるサマーコテージやスイミングプール、ジム、さらにオフィスにまでサウナがあり、日々の生活に溶け込んでいる。(草)

→スモークサウナ、ダグアウトサウナ

フィンランドサウナアンバサダー

〔finland sauna ambassador〕

2019年に日本とフィンランドが外交関係樹立100周年を迎えるのを記念し、Visit Finland(フィンランド政府観光局)がプロモーション戦略の一環として募集したフィンランドサウナの日本での普及に協力する人たち。2018年10月28日に「サウナイト006」が開催され、「フィンランドサウナ」をテーマに熱いトークセッションが繰り広げられ、参加者の中から「フィンランドサウナアンバサダー」が30名選出されたのが最初のイベント。以後、一般の公募と指名があり、2019年に100名が選出。同年3月23日には長野県小海町にある〈フィンランドビレッジ〉でアンバサダーが一同に会するイベントまで開催された。フィンランド政府機関がサウナに特化したプロモーションを展開したのは、世界で日本が初めてという熱の入れようだった。(草)

ふぃんらんどしきさうな

【フィンランド式サウナ】

文字通り、フィンランド由来のサウナストーブまたはサウナ室、施設のこと。日本では、ロウリュできるストーブがある施設を一概に「フィンランド式サウナ」と呼ぶのが一般的だが、本質的にはまったくフィンランド式ではない施設も多々ある。例えば、フィンランドのサウナはセルフロウリュできることが必須で、オートロウリュというも

のは存在しない。また、ロウリュ後のアウフグースも行わない。さらには、時計や砂時計、温度計、テレビなどがサウナ室に持ち込まれることもない。フィンランド人は、サウナ室内における時の流れとロウリュの音をとにかく大切にしているため、何かに気を取られることや、蒸発音を損なうノイズを好まないのだ。もちろん、人工的に作られた水風呂も存在しない。サウナの側に湖畔や海岸が近くにあれば利用するが、主にシャワーで汗を流す程度だ。そのため、「ととのう」という概念も存在しない。なお、フィンランドの男たちが、サウナ室の中で人生の悩みや苦しみを吐露し、号泣する映画『サウナのあるところ』もフィンランド式サウナを知る上で必見である。(草)

→『サウナのあるところ』、セルフロウリュ

ふぃんらんどたいしかん

【フィンランド大使館】

日本に所在するフィンランドの大使館で、正式名称は「駐日フィンランド大使館(Suomen suurlähetystö Japanissa)」。建物は1982年に完成したもの。1917年12月にフィンランドが独立すると、日本は1919年5月に国家承認を与えた。その結果、両国は相互に外交関係を樹立。1919年9月6日、著名な言語学者ラムステッド教授が首都に駐在する初めての外交使節として任命され、一貫して友好関係を発展させていく。南麻布の公使館は1930年に借りられ、その後1941年にアメリカ人の所有者から買い取られた。1958年に土地を買い増し、1960年には新しい公使館をオープンさせた。この新公使館の地下にはサウナが設置されていたと、フィンランドの建築家アルヴァ・アアルト(1898-1976)のもとで学んだ唯一の日本人建築家である武藤章(1931-1985)が書き残している。この事実から、非公式ながらこれが「日本初のフィンランドサウナ」ではないかと推察できる。なお、現在のフィンランド大使館内にもサウナが2カ所ある。ストーブはmisa製、水風呂はなくシャワーのみ設置されている。(草)

→あの木の小屋の乾き切った空気の匂い！……

ふぃんらんどのらんにんぐ

『芬蘭のランニング』

1926年1月10日に刊行された竹内廣三郎(1891-1931)の著書名。廣文堂から出版された。大正時代の陸上競技選手である竹内

がはるばるフィンランドへ向かい、わずか「十餘日」の視察であるが、日本国の陸上競技に役立つならばと書き上げた。フィンランド選手たちが入る「サウナ」について、「蒸気浴」という言葉で短い文章ではあるが紹介している。また、陸上競技に限定されるが、最も早くフィンランドという国を日本で紹介した本でもある。(草)

プール

〔pool〕

水風呂とは別に、温水プールを設置する施設がある。水風呂→プールという冷冷交代浴が可能に。静岡県・御殿場市〈オアシス御殿場〉のプールからは富士山が望める。また、東京都・墨田区〈スパ&カプセル ニューウィング〉のように、プール(ミニプール)の方が水風呂(冷水)よりも水温が低いケースも見られる。(編)

→冷冷交代浴

ふくしゃねつ

【輻射熱】

電磁波により直接伝わる熱のこと。身近なところでは、電子レンジやこたつ、ハロゲ

ンヒーターなど、輻射熱を利用して物や体を温める製品がある。遠赤外線ストーブを熱源とするサウナでは、この輻射熱を利用している。遠赤外線は皮膚の真皮層まで浸透して血行を良くするが、皮膚に保水された水分を蒸発させてしまうため、水分補給とサウナ後の保湿はしっかり行おう。(中)

→遠赤外線サウナ

ふくりこうせい

【福利厚生】

従業員によるサウナ利用を一定額補助する「サウナ補助制度」を採用する企業があるとか。サウナ後のサ飯まで補助の対象とする場合も。デジタル環境をシャットアウトし、仲間と語らったり自身と向き合ったりできる時間を提供することは、従業員の健康にとって重要な施策といえよう。(編)

ふじなみごういち

【藤浪剛一】

慶應義塾大学病医学部放射線科学教室の初代教授。日本初の放射線科医であり、専門はレントゲン。今日の日本におけるレントゲン普及は、藤浪の功績によるところが

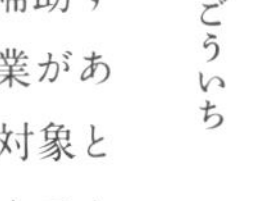

大きいといわれている。1909年にオーストリア＝ハンガリー帝国のウィーン大学に留学し、放射線医学のみならず医療に関係するものであれば様々なジャンルに興味を持ったため、医史学や温泉医学にも通じ、風呂についての研究もしていた。1931年に刊行した書籍『東西沐浴史話』(人文書院)は、風呂研究のバイブルとして名高い一冊だ。(草)

ブライダルサウナ

〔bridal sauna〕

結婚式の前日に花嫁がサウナに入るという、フィンランドにおける古くからの伝統。過去の邪念を取り払い、新しい人生を準備するという儀式的な側面を持つ。フィンランドの画家、ロバート・ヴィルヘルム・エクマン(1808-1873)の作品“Bridal Sauna”で、ヴィヒタを持ってサウナ浴をする花嫁の姿が描かれている。(お)

フレッシュエアー

〔fresh air〕

そのまま「新鮮な空気」という意味だが、サウナ室に常に酸素が循環している状態や、そうしたサウナ室を指す。用例「次世代のサウナはフレッシュエアーが大事！」(草)

→コンディション

プロサウナー

〔prosaunner〕

サウナで汗を流すのではなく、サウナの未来のために汗を流す人のこと。施設経営者、サウナ建築家や施工業者、熱波師、サウナグッズ販売者、サウナ著述家、本書『サウナ語辞典』制作陣などがこれに該当する。中には、サウナビジネスを営むだけの人

をプロとは呼ばない、という厳しい人もいる。(草)

ぶんかけいさうなー

【文化系サウナー】

もともと体育会系の利用者が多かったサウナに、2019年以降のサウナブームによって流入してきた文化系のサウナ好きを総じて呼ぶ。主にサウナを勉強する「サ学」やサウナの本を読む「サ読」を行い、CULTURE SAUNA TEAM "AMAMI" に所属する人々などを指す。(草)

ヘアゴム

〔hair rubber〕

髪の長い人が浴槽に浸かる時、湯に髪が入らないようにするアメニティの一種。サウナ室においても、髪を結ぶことで頭にタオルを巻いたり、サウナハットを被ったりしやすくなる。ヘアゴムを無料提供している施設もある。(編)

へんきゃくかご

【返却カゴ】

タオルやサウナマットなどを返却するカゴ。タオルは脱衣所入口に、サウナマットはサウナ室入口に戻すスタイルが多い。(編)

ペンギンルーム

〔penguin room〕

東京都・台東区〈サウナセンター〉にある3～7℃のクールダウン室。もともとミストサウナだった。水風呂が苦手な人でも、じっくりと体を冷やすことができる。(S)

ベンチ

〔bench〕

サウナ室の座面のこと。ベンチ下にサウナ

ヒーターを設置するタイプでは、場所によって極端に熱い場合があるので要注意。外気浴スペースにととのい椅子と並べて設置されていることもあり、利用客がまばらな時に寝転がれば、公園で休んでいるような開放的な気分になる。(編)
→ボナサウナ

ボイラー
〔boiler〕
密閉した容器内に熱媒(油やガス、電気など)を用いて水を沸かし、湯や水蒸気をつくりだす設備や装置のこと。日本工業規格(JIS)や学術用語集では「ボイラ」と表記される。日本では「汽缶(汽罐、きかん)」や「缶」、「カマ」とも呼ばれる。サウナでは主にスチームサウナや風呂に利用される。(草)

ポイントカード
〔point card〕
施設独自のサービスで、規定のポイント数を貯めると入浴券や金券と交換できる。決まった曜日や5の付く日、誕生日など、ポイントが加算されるお得デーも。ついつい通いたくなるシステムである。(編)

ほうじちゃろうりゅ
【ほうじ茶ロウリュ】
佐賀県・武雄市〈御船山楽園ホテル らかんの湯〉の名物。サウナ専用に焙煎・抽出した嬉野産のほうじ茶をセルフロウリュできる。ちなみに、女性サウナにはアロマキューゲルがあり、雑誌などで頻繁に取り上げられる真っ白で近未来的な内装も魅力の一つ。(編)

ボーチカ
〔bochika〕
バーニャで使用する桶シャワー。(編)
→桶シャワー、ガッシングシャワー

ホームサウナ
〔home sauna〕
行きつけのサウナのこと。近所にあるから、通勤・通学の経路にあるからなど、その理由は様々だが、「やっぱりここだよ」や「ただいま!」と言いたくなる施設である。あえてホームサウナを持たない、流浪のサウナーもいる。また、家庭用サウナのことも「ホームサウナ」と呼ぶ。(S)

ホスピタリティ

〔hospitality〕

主にサービス業で使われる用語で、顧客に心地よい時間と空間を提供することを指す。丁寧な接客、行き届いた清掃やメンテナンス、食事のクオリティ、顧客の声を吸い上げて改善する姿勢など、良いサウナ施設を語る上で重要な観点となる。高いホスピタリティを持つ施設は、熱心なリピ

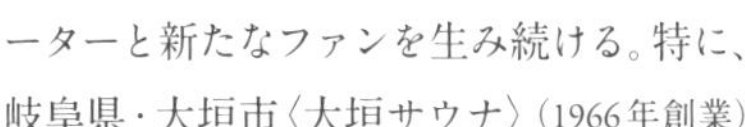

ーターと新たなファンを生み続ける。特に、岐阜県・大垣市〈大垣サウナ〉(1966年創業)や、千葉県・木更津市〈サウナきさらづ つぼや〉(1984年創業)は、「異次元」と称されるホスピタリティで長く愛されている名施設である。(お)

ボナサウナ

〔bona sauna〕

"bona" はラテン語で「良い」を意味し、「良い熱」と直訳される「ボナサーム(bona therm)サウナ」とも。壁面やシート内にストーブやヒーターが格納されたサウナを指す。熱源が目に見えないため、空間に広がりを感じられる。下半身からじんわり温まるため、ボナを好むサウナーも多い。東京都・足立区〈大谷田温泉 明神の湯〉や墨田区〈スパ&カプセル ニューウィング〉などに設置されている。(S)

まきすとーぶ

【薪ストーブ】

薪を燃料として、サウナ室を暖めるストーブ。電気やガスのストーブと比べると、セッティングやメンテナンスに手間がかかるが、その分奥深い魅力がある。揺らめく炎と薪の弾ける音を楽しみながら、柔らかく包み込むような熱で体の芯までじっくり温まる感覚は薪ストーブでしか味わえない。火を使い煙を発生させるため、テントサウナやキャンプ場などのアウトドア型サウナで主に使われ、市街地のサウナ施設では滅多にお目にかかれない。東京では、豊島区〈サウナ&ホテル かるまる池袋〉や台東区〈サウナランド浅草〉で、貴重な薪ストーブサウナを楽しむことができる。（お）

まぐますぱしき

【マグマスパ式】

天然溶岩（マグマストーン）をサウナストーンとして使用したサウナのこと。ロウリュすると溶岩がスポンジのように水を吸収し、ストーンに含まれるミネラル成分とともに水をゆっくりと放出する。壁と床にも溶岩プレートが埋め込まれている。東京都・渋谷区の招待制・会員制サウナ〈THE CLASS.〉とその系列店でのみ体験できる。（編）

マッカラ

〔makkara〕

フィンランド語で「グリルされたソーセージ」を意味する。サマーコテージなどで、サウナの合間にバーベキューのように焼いて食べる他、サウナストーンの上にアルミを敷いて焼き上げ、サウナ後にドリンクと共に食べるケースもあるようだ。なお、フィンランドには小麦粉や片栗粉が入っている「粉ソーセージ」があり、「粉ソーセージこそがマッカラ！」というフィンランド人も多い。1900年初頭、高価な肉の代わりに小麦粉を入れることでかさ増しをした「粉ソーセージ」が生まれ、長い年月愛されてきた。フレーバーのバリエーションが多く、中には果物やベリー、スパイスを用い

た甘いマッカラもあるのだとか。(中)
→サマーコテージ

マッサージ

〔massage〕

ヨーロッパ発祥の手技療法。アラビア語の「押す(mass)」とギリシャ語の「こねる(sso)」という意味が合わさってフランス語の「massage(マサージュ)」という言葉となった。オイルやパウダーを用い、手や足や器具を使って皮膚に直接刺激を与え、主に血液やリンパ液の流れを良くし、筋肉のコリをほぐしたり、疲労を取り除いたりすることを目的としている。世界中に様々なマッサージ技術があり、日本ではあん摩や指圧などが存在する。小スペースで事業運営できるため、日本では特に温浴施設に併設されていることが多い。(草)

まっとこうかん

【マット交換】

サウナ室に敷き詰められているサウナマットを交換する作業のこと。また、脱衣所と浴室の間に敷かれた足拭きマットの交換を意味する。

汗や水滴で濡れたマットは重く、スタッフにとっては肉体労働である。利用者からすれば定期的にマット交換している施設はありがたく、施設評価の重要なポイントといえるだろう。ちなみに、岩手県・盛岡市〈SPA銭湯 ゆっこ盛岡〉のサウナ室内には150枚のサウナマットが並べられており、さながら金色の絨毯だ。(草)

マッドマックス

〔MAD MAX〕

西の聖地とも呼ばれる、熊本県・熊本市〈湯らっくす〉の水風呂に設置してある"MAD MAX"と書かれたボタン。押すと、頭上から1分間250Lの水が注がれ、その水圧で深さのある水風呂に沈む感覚が非常に気持ち良い。〈湯らっくす〉のメインディッシュといえる。映画『マッドマックス 怒りのデス・ロード』のワンシーンから名前を取っている。(S)

マハラ

〔mahala〕

フィンランド語で「樹液」の意。中でも、白樺の樹液は"koivun mahla"といって天然の甘味を含んでおり、かすかに草の香りがして爽やかで飲みやすい。フィンランドでは、伝統的な春の飲み物として楽しまれている。日本でも、北海道産のものなどが販売されているので、サウナ後のドリンクとして、北欧の湖畔に佇む気分を味わうのも一興。(中)

マフィア・シティ

〔Mafia City〕

サウナ室の温度を勝手に上げること、施設に無断の場合は迷惑行為に。通称「マフィア」。2022年10月14日、滋賀県・大津市の銭湯〈都湯-ZEZE-〉にて、サウナ室の温度セットを施設側に無断で140℃に設定する利用者が出現、全国ニュースに。モバイルゲーム『マフィア・シティ-極道風雲』がサウナの温度変更によってボスを殺害するシーンを広告でやたら流しているため、この行為に名称がついた。用例「(個室サウナで)設定温度上げておいたぜ」「マフィア(・シティ)やな〜」(草)

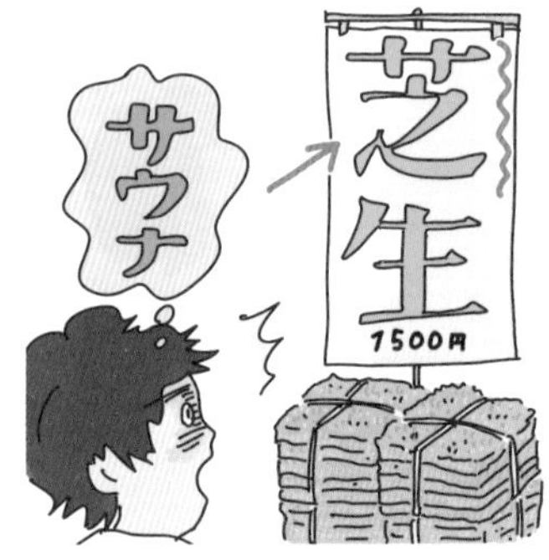

みえるみえる

【見える見える】

サウナが好きすぎて、ありとあらゆるものがサウナに見えてしまう現象のこと。主にカタカナの「サ」が付く3文字の看板などが挙げられる。これは筆者の経験談だが、和歌山県サ旅中に同行者のCULTURE SAUNA TEAM "AMAMI"の橋本健太郎が「サウナがこんなところにありますよ！」と街中でスナック「芝」の看板を指差し、一同「見える見える！！」と叫んだ時のサウナ中毒ぶりはすさまじかった。サウナが好きなら、何でも「サウナ」という文字に見えるのだ。(草)

みしまゆきお

【三島由紀夫】

(1925-1970)日本の小説家、劇作家、随筆家、評論家、政治活動家。戦後の日本の文学界を代表する作家。本名は平岡公威(きみたけ)。代表作に『仮面の告白』『金閣寺』などがある。サウナを舞台に小説を書いたり、サウナについて論評したりすることはなかったが、晩年の三島が隊長を務める「楯の会」の会合がサウナで行われていたことが『決定版 三島由紀夫全集〈42〉』(新潮社)に記録されている。それによると9月25、29日、11月3、14、19日と〈六本木ミスティ〉や〈後楽園サウナ〉で謀議している。1970年11月25日、三島は陸上自衛隊市ヶ谷駐屯地にて総監・益田兼利陸将を人質に取り、自衛隊の決起(クーデター)を呼びかけた後に割腹自殺をした(三島事件)。(草)

みずうみ

【湖】

自然界に存在する巨大な水風呂。(編)

→アヴァント

みずぎ

【水着】〔swimsuit, swimming wear〕

プールや海、河川・湖などでの運動、水泳・遊泳もしくは潜水用に着用する衣服のこと。サウナでは、主に男女が共同で利用する場合において身に着ける。しかしながら、着衣をしたままのサウナ浴は、本来の裸の入浴よりも快感度がワンランク下がるものとして、嫌厭する人が多かった。そのため、最近ではサウナ専用水着を開発し、発売する会社まで現れた。サウナポータルサイト〈サウナイキタイ〉によると、2023年7月現在、男女一緒に水着着用で入れるサウナ施設は全国で678件ある。(草)
→混浴、着衣混浴

みずしゃわー
【水シャワー】

冷水ないしは常温のシャワー。水風呂のない銭湯や個室サウナでは、水風呂代わりに使用される。水風呂が苦手な人にとっては、サウナ入門として楽しめる。(は)

みずとおし
【水通し】

サウナ室に入る前に、先に水風呂に入ること。プロサウナーである濡れ頭巾ちゃんが提唱したとされる。その施設の水風呂がどんなものかを事前にインプットした上で、その後のサウナの入り方を調整するために行う、上級者向けのルーティンである。一方、サウナ前にお風呂に入って体を温めることは「下茹で」といい、サウナーの中でも「下茹で派」と「水通し派」に分かれる。(お)
→下茹で

ミストサウナ
〔mist sauna〕

温かい蒸気を利用した湿式のサウナ。温度が低い低温環境のため、体への負担が少なく、肌や髪、のどにもやさしい。(草)

みずぶろ
【水風呂】

常温またはチラーなどによって冷却された水が満たされた風呂のこと。熱い湯に浸かった後や、サウナ後に体が芯から温まった状態で入浴する。アウフグース直前などに、体が冷えた状態で水風呂に入り、サウナ室に長い時間滞在できるように体を慣らす行為は「水通し」と呼ぶ。水風呂入浴は「ととのい」に多大な影響をもたらすため、サウナより水風呂を重要視するサウナーも多い。主に①水温、②水質、③水量、④水深、⑤環境の5点が水風呂の価値を決める。

①水温：東京都水道局が公表している令和2年度の都庁付近（給水栓No.27）のデータによれば、最高水温は8月の28.3℃、最低水温は1月の7.6℃と、年間を通して20℃程度の水温の変動幅がある（年間平均水温は16.8℃）。そこで、年間を通じて一定の水温を保つべく、多くの施設は水温を下げるチラー（冷却水循環装置）を導入している。チラーを導入していない施設は、季節によって水風呂がぬるく感じられ、不満をもたれる傾向にある。中には、水風呂内に氷を浮かべるところもある。一般的な水風呂の温度は18℃とされているが、この水温のベンチマークを作ったのは大阪府・大阪市〈ニュージャパン梅田〉であるという説も。10℃を切る水温を「グルシン」と呼び、珍重するサウナーも多い。

②水質：一般的な水道水よりも河川や湖、海水のような自然にある水が良いとされ、井戸水、湧水、山水、冷鉱泉など、天然由来の水ほど価値が高いとされる。静岡県・静岡市〈サウナしきじ〉は「飲める水風呂」としても有名で、水風呂の質の高さから「サウナの聖地」とまで呼ばれるように。

③水量：大勢の人々がサウナ後の火照った体で水風呂に入っていくと、水風呂内の水温は上がり、また「汗カット」で流しきれなかった老廃物などが残留してしまう。しかしながら、豊富な水量があれば常時水風呂を溢れさせ、水温や水質を安定化することができる。また大量の水が注ぎ込むことから音が発生し、「ととのい」のリラクゼーション効果を高めているともいえる。

④水深：浴槽が深いほど水風呂に潜りやすくなるため、サウナ好きから価値が高いとみなされる。本価値を施設としていち早く取り入れた熊本県・熊本市〈湯らっくす〉が水深171cmと長らく「日本一深い水風呂」を謳っていたが、2023年現在は愛知県・名古屋市にある2施設〈KIWAMI SAUNA〉と〈キャナルリゾート〉が水深200cmと、日本一深い水風呂を有している。

⑤環境と動線：髪の毛を水風呂内につけることを禁止（つまり素潜り禁止）している施設も多く存在しており、頭まで潜れるかどうかにサウナーは価値を置いている。炭酸泉になっていたり、バイブラが付いていたりなど、一口に水風呂といっても様々なスタイルがある。またサウナ室からの水風呂の距離は近ければ近いほど良く、遠い施設は評価されないことが多い。

なお、水風呂は主に日本が独自に発展させた文化であり、サウナの本場フィンランドには水風呂は存在しない（シャワーや天然の湖や海を用いる）。サウナ研究家の中山眞喜男によれば、水風呂を最初に作った施設は1966年にできた〈スカンジナビアクラブ〉。この水風呂が全国に広がり、現在の日本の水風呂文化を作ったといえるだろう。（草）
→汗カット、グルシン、聖地、チラー、飲める水風呂、バイブラ、水通し

みみせん

【耳栓】

混雑した施設で、サウナに集中したい時に有効。一般的に利用される耳栓は、ポリウレタン素材で耐水性に問題があるため、サウナにはシリコン素材が適している。完全に音をシャットアウトすることはできないが、会話の内容までは聞き取れない程度に遮音することができる。（は）

ミュージックロウリュ

〔music löyly〕

音楽に合わせて蒸気と熱風が沸き立つエンターテインメント型ロウリュ。東京都・大田区〈COCOFURO たかの湯〉や、千葉県・流山市〈南柏天然温泉 すみれ〉の「熱響（ねっきょう）の間」で楽しむことができる。（S）

ミルクサウナ

〔milk sauna〕

北海道・河東郡上士幌町〈十勝しんむら牧場〉に佇む貸切サウナ。水風呂には、牛が水を飲むための巨大桶を使用。サウナ上がりには濃厚牛乳、そして優雅な大自然でバーベキューも。また、十勝発祥のサウナブランド〈サウナモンスター〉のサウナハットを無料で貸出している。（編）

むえんサウナ

【無煙サウナ】

バイオエタノールを燃料としたストーブによる、煙の出ないサウナ。〈株式会社Vanwaves〉が提供する家庭用テントサウナ「IESAUNA」で採用されている。煙が出ないため家庭のベランダでも使用可能で、温度の上昇も早く、使用後にゴミも出ないという利点も。（お）

むおんさうな

【無音サウナ】

テレビもない、会話もない。ちょっぴり暗くてコンパクトなサウナには、神聖さすら宿る。ストーブやボイラーの微かな音に耳を澄ませ、ゆっくりと深呼吸する。東京都・品川区〈金春湯〉の無音サウナは、熱めなのに空気はまろやか、ほんのり木の香りがする。瞑想に最適だ。（編）
→瞑想

むけいぶんかいさん

【無形文化遺産】

フィンランドの「サウナ文化」は、2020年にユネスコ無形文化遺産に登録された。日

本においても、「温泉文化」の登録に向けて、情報発信の強化やフィンランドとの交流など、機運が高まっている。2013年の「和食」に続く登録となるか、動向を見守りたい。(編)

むしぶろ

【蒸し風呂】

蒸気により体を蒸らし、入浴する風呂のこと。日本では古来から「風呂」とはこれを意味し、現在でも主にサウナとは異なる蒸気浴できる場所のことを呼ぶ。特に蒸気を利用した温泉地で源泉を利用して用いられているため、温泉利用の蒸気浴を指す。一例を挙げれば、宮崎県・えびの市にある〈白鳥温泉 上湯(うえゆ)〉などが「秘湯 地獄むし風呂」と名乗っている。皮膚や呼吸器から体内に吸収するようにして利用するため、呼吸器疾患にも効果があるとされる。(草)

むしぶろのかくめい

【むし風呂の革命!】

1951年4月に銀座6丁目に開業したトルコ風呂を売りにした〈東京温泉〉が、1957年3月14日に日本で初めてサウナを設置。その際「むし風呂の革命!」と銘打ち、「フィンランド式サウナ風呂」と広告に明記し、宣伝した。とはいえ「フィンランド式サウナ風呂」を名乗っているが、あくまで国産式の見よう見真似で作った「日本式サウナ風呂」だった。(草)

→東京温泉

むろたしきさうな

【ムロタ式サウナ】

サウナ用テントの中に、薪ではなく電気サウナストーブを入れた安価なサウナ設置方法のひとつ。フィンランドサウナアンバサダー・ムロタマユによるnote「夢の自宅サウナ生活」(2020年9月公開)で提言されたため、後に「ムロタ式」と呼ばれるようにな

る。本来、自宅サウナをつくる際の障壁となるのは、施工にかかる多額の費用。だが、ムロタ式ではサウナ室をテントで代用するため、コストを1/3ほどに抑え、さらに電気ストーブを利用することで、屋外のみならず室内でも利用可能とした。そのユニークさと手軽さが話題となり、ベランダ、屋上、庭にとどまらず、EVガレージや部屋テントサウナ、さらには整骨院テントサウナまで、真似する人が続出。なお、ムロタ式ではテントメーカーの指定はないが、ストーブは必ずロウリュができるもの、とりわけフィンランドのMISA社製を推奨している。(草)
→自宅サウナ

めいそう

【瞑想】

心身をリセットするため、サウナ室で瞑想をする人がいる。デジタルデバイスから解放され、よりリラックスできるサウナ室で、裸になって姿勢を正し、必要に応じて目を閉じ、呼吸に注意を向け、心に浮かんでは消える思考をありのままに観察する。自分と向き合う時間が、豊かな暮らしを彩ってくれるだろう。(中)
→メディテーションサウナ

めがねおき

【メガネ置き】

サウナ室のドア脇に設置されている、メガネ収納スペース。サウナ室で高温にさらされると、メガネの素材によっては溶けてしまう危険性がある。また、湿度が高くセッティングされている場合、ガラス面の結露(くもり)によって視界が悪くなり、本末転倒な状態になることも。そのため、サウナの直前・直後に着脱できるメガネ置きは、非常にありがたい存在である。ただ、中にはサウナ室の隅々まで観察したいメガネサウナーもいるだろう。そんなサウナギークには、耐熱・曇り止め機能つきの「サウナメガネ」の利用をお勧めしたい。(中)
→サウナメガネ

メディテーションサウナ

〔meditation sauna〕

熊本県・熊本市〈湯らっくす〉内にあるサウナ室の名前であり、瞑想に特化したサウナ室のコンセプト。2017年に同施設の代表取締役社長である西生吉孝が名付け、作り上げた。「呼吸をするサウナ」をコンセプトに開発され、室内にはテレビはなく、瞑想に誘う音が僅かに流れている。開発当時、日本ではテレビのあるサウナ室がほとんどで、瞑想を持ち込んだのも〈湯らっくす〉が先駆けといえる。最近では、「メディテーションサウナ」を名乗る施設も増えてきた。(草)

モーリュ

〔moor löyly〕

北海道・帯広市〈森のスパリゾート 北海道ホテル〉で、モール温泉をロウリュ水として熱々のサウナストーンへかけること。(S)

もくよく

【黙浴】

会話を控え、静かに入浴すること。2021年の〈ユーキャン新語・流行語大賞〉にノミネートされた「黙食」から派生した新語である。コロナ禍における感染拡大防止のため、マスク着用が困難な浴場内でのマナーとして広まった。長く続いたコロナ禍で、サウナ室でも黙浴がすっかり当たり前になったが、元来サウナは語らいや交流の場でもあった。コロナ禍の収束と共に日常を取り戻していく中で、「黙浴」という注意書きを見ることも少しずつ減っていくことを願いたい。とはいえ、シンと静まり返ったサウナ室でロウリュの音だけが響き渡る時間もまた乙である。(お)

もくライトタオル

〔MOKU Light Towel〕

愛媛県・今治市に拠点を置く〈コンテックス株式会社〉が製造・販売する速乾・軽量タオル。一般的なフェイスタオルと手拭いの間の子のような使用感で、体を洗ったり汗を拭いたり水を絞ったりと何かと忙しいサウナーに「MOKU一枚あればサウナに行ける」との定評がある。ワンポイントの刺繍をあしらった施設オリジナルタオルがサウナグッズとして認知されるようになり、色展開も豊富でコレクター心をくすぐる。(編)

→タオル

もちこみきんし

【持ち込み禁止】

施設によっては、メガネや貴金属といった火傷の可能性のある物のほか、サウナ室への雑誌・新聞の持ち込みを禁じている。ネット上では「消防法によって禁止されている」との書き込みも散見されるが、消防法では直接サウナに言及していない。ただし、〈公益社団法人 日本サウナ・スパ協会〉が定める「サウナ設備設置基準」においては、サウナ室の出入口などの見やすい位置に「新聞雑誌等持ち込み厳禁」との標識を掲示することが明文化されている。例えば、「神戸市火災予防条例」では、協会の基準に倣って「新聞、雑誌等の可燃性物品の持込みを禁止する旨の表示を見やすい箇所に設ける」ことを定める一方、「消防長又は消防署長が火災予防上支障がないと認めた場合は、この限りでない」とも添えている。施設側としては、火災予防というだけでなくサウナ室の環境保持、あるいは長時間利用による脱水症状対策という側面から禁止しているケースもあるだろう。(編)

もりたとしひこ

【森田俊彦】

(1898-1947) 東京農大出身。大正時代ハードル選手として活躍した日本陸上界の先達。青山大学陸上競技部の前身となる徒歩部発足当時の1920年、農大に在籍していた森田に部員が直々にお願いし、徒歩部のコーチを引き受けてもらった経緯が。その後、長らくコーチを務め、華々しい戦績を樹立。現在の陸上強豪校の基礎を作る。1930年5月に出版された編著の『トラック：競争 スポーツ叢書』(三省堂)にカタカナ3文字の「サウナ」を紹介、陸上競技者にフィンランドの蒸し風呂情報をいち早く知らせる。同書では「朝起き抜けに一時間も歩いて来て、帰りに風呂へ行き、一時間も入つて出てから朝食を取るが、斯うした練習をして見るとこの時の食事のうまさは大したものであるといふ」と、伝聞調ではあるがサウナ後のご飯が格別であることも紹介しており、日本で最初にサ飯を紹介したのは森田であるといえるだろう。(草)

→サ飯

もりのとんとたち

『森のトントたち』

フィンランドの伝承をもとに、クリスマス以外のサンタクロースの暮らしぶりを描いたアニメーション番組(1984-1985、フジテレビ系列局)。サンタクロースは、従者である森の妖精・トントゥ(トント)と日々を過ごしている。このアニメでは、サウナ室の置物としてよく見るトントゥの背格好や服装、行動を楽しむことができる。放送された時代は昭和。当時の昭和ストロングスタイルの猛者たちは、子どもたちが観ていたアニメ番組が、まさか令和の『サウナ語辞典』に集録されるとは、想像もつかなかったであろう。(中)

→トントゥ

やきゅうじょうさうな

【野球場サウナ】

2023年3月に開業した北海道・北広島市の新球場〈エスコンフィールドHOKKAIDO〉レフトスタンドに、世界初の野球場サウナ〈tower eleven onsen & sauna〉が誕生。サウナは水着着用での混浴が可能で、フィンランド〈HARVIA〉製のタワー型サウナストーブ2基を備え、セルフロウリュにも対応した本格仕様。サウナ室内に立ち見席もあり、手すりがバットになっているなど、野球場ならではのこだわりも。さらに「ととのえテラスシート」では、フィールドを一望しながらの外気浴まで楽しむことができるという、まさに夢のような空間。日本でのサウナ文化の発展を象徴する施設といえよう。（お）

やくそうさうな

【薬草サウナ】

薬草で満たした麻袋を室内に吊るしたスチームサウナ。芳醇な香りが蒸気に乗って鼻孔をくすぐる。静岡県・静岡市〈サウナしきじ〉の強烈な体感温度にクセになる人が続出。（編）

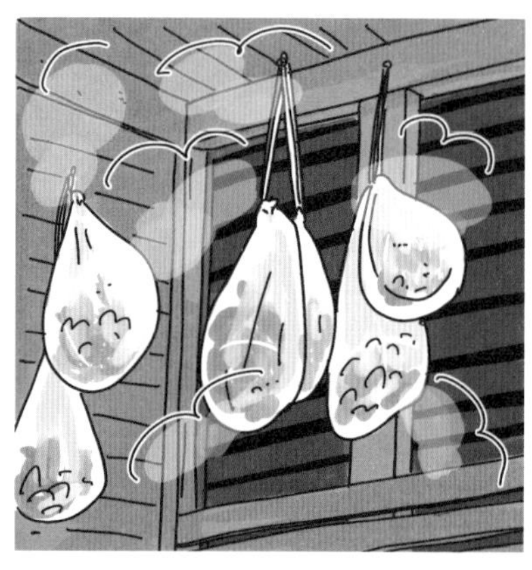

やくそうたるむし

【薬草樽蒸し】

岐阜県・大垣市にある〈田辺温熱保養所〉の樽型の蒸し風呂。江戸にて杉田玄白、前野良沢に蘭方医学を学び 美濃西洋医学の先駆者となる大垣藩医の江馬蘭斎（えまらんさい／1747-1838）が、文化元年（1804年）に考案した「蒸気風呂」がベースになっている。1946年に風土病が流行った際、「そういえばご先祖様が風呂を作っていた」と思い出し、風呂を作り、地域に開放したのが〈田辺温熱保養所〉創業の歴史。薬草は伊吹山麓で採取されたものと自家製無農薬栽培で育てた貴重なものを使用し、十数種類を調合、煮立て蒸気を生成している。扉を閉めれば、薬草の香りと気持ちの良い蒸気に無限の彼方まで連れていかれる。定員は2名。なお4時間以上の滞在での利用を

推奨している。また東京都・豊島区〈サウナ&ホテル かるまる池袋〉の「蒸サウナ」は、〈田辺温熱保養所〉に依頼し、「薬草樽蒸し」をベースにしたもの。(草)

→大休憩、床蒸し

ユーカリ

〔Eucalyptus〕

その薬効や香りから、ヴィヒタの素材として白樺やオークと共に重宝される樹木。サウナアロマとしても定番で、ロウリュすると瑞々しく清涼感のある香りがサウナ室内に広がり、心身のリラックス、リフレッシュをもたらしてくれる。(お)

ゆうしょうおめでとうねっぱ

【優勝おめでとう熱波】

2023年ワールド・ベースボール・クラシック(WBC)で日本代表チームが優勝したのを記念して、埼玉県・熊谷市〈おふろ café ハレニワの湯〉に実施されたイベント。野球ボールに見立てたキューゲルをストーブに投入し、世界戦の熱気をサウナ室内で演出した。(編)

ゆうゆうわんだーらんど

『湯遊ワンダーランド』

まんきつによる、全3巻のサウナエッセイ漫画(刊行当時は「まんしゅうきつこ」名義、2018-2019、扶桑社)。銭湯やサウナにおける女湯側の日常が、赤裸々に描かれている。作者の思考(心の声)のバランスが絶妙で、ページをめくる手が止まらない。まるでサウナと水風呂のようである。また、男性から見ると、サウナ→水風呂→外気浴の心地よさに至るプロセスやサウナの楽しみ方は、性別に関わらず共通なのだと気づかされる。2023年7月、テレビ東京より実写ドラマ化。主演はともさかりえ。(中)

ゆうらくさうなかさい

【有楽サウナ火災】

1968年3月13日、東京都・千代田区の有楽町ビル2階〈有楽サウナ〉で発生した火災事故。120℃に設定されたサウナヒーターの長期過熱により、ヒーター上部の木造腰掛けから出火。サウナ室から洗面所、受付カウンター天井へと延焼した。小火火災ではあったが、サウナ施設の密室構造や乾燥した空間内で一気に猛煙が立ち込め、

入浴客3名が死亡する惨事となった。1964年〈東京オリンピック〉後の爆発的なサウナブームの中で、サウナの危険性と安全管理の重要性に一石を投じた事件であり、半世紀以上経った現在においても忘れてはならない教訓である。(お)

ゆおけ

【湯桶】

入浴や洗面のために用いる、円筒形の平たい容器。材質は様々で、伝統的な木製のものから、〈富山めぐみ製薬株式会社〉が製造・販売する「ケロリン桶」のような合成樹脂製のものがある。水風呂の前にはかけ水がしやすいよう、柄のついたプラスティック製の「片手湯桶」が置かれていることが多い。軽量のプラスチック湯桶は、水風呂がオーバーフローした際に流されてしまうので、使用後の桶に少し水を張っておくことを推奨する施設も。(編)

→かけ水

ゆきだいぶ

【雪ダイブ】

水風呂の代わりに、深雪に飛び込んで体を冷やすこと。「北の聖地」とも呼ばれる北海道・空知郡上富良野町〈吹上温泉保養センター 白銀荘〉で行われている。水風呂と同じで最初は冷たいが、クセになる気持ち良い感覚にハマってしまう人が多い。(S)

ゆどうし

【湯通し】

→水通し

よなきそば

【夜鳴きそば】

サウナー御用達ホテルチェーン〈ドーミーイン〉系列店で、夜9時から11時に提供される名物サ飯。サウナ後の塩分補給に最適。おかわりも可能。(は)

→サ飯

よやくせい

【予約制】

事前に利用日時を予約する必要のあるサウナ施設のこと。個室サウナなどプライベート型サウナのほか、東京都・台東区〈サウナ&カプセルホテル 北欧〉や千代田区〈SaunaLab Kanda〉など、混雑回避を目的に予約制を敷いている施設もある。利用者にとっては、快適な利用が約束されるのはメリットであるが、気が向いたときにフラっと訪れることができないのは悩ましい。(お)

よもぎスチームサウナ

東京都・港区〈アダムアンドイブ〉の名物サウナ。室内は大量に蒸されたヨモギの芳醇な香りと、もくもくと立ち込める高温のスチームに満たされており、通常のスチームサウナとは一線を画したパンチの強いセッティングにガンギマるサウナーが続出。(お)

ラグジュアリーサウナ

〔luxury sauna〕

一般的なサウナと異なる高級サウナ。主に東京都・港区を中心とする都心に位置し、完全会員制で貸切利用がメインとなっている。主な利用層は芸能人や経営者、プロスポーツ選手など。内装にお金がかけられ、高級ブランドのアメニティなどが用意されている。港区にある〈The S by FAB HOTEL〉（入会金330万円）や、東京都・渋谷区などに店舗を持つ〈THE CLASS.〉（入会金22万円、年会費110万円）などがこの部類に入るだろう。（草）

ラッコちゃん

健康センター〈湯乃泉〉グループのキャラクター。看板に大きく描かれた緑色の親ラッコと、そのお腹に乗った赤色の子ラッコは、サウナ界で最も有名なマスコットといっても過言ではない。にっこりとほほ笑む愛くるしさは、一度見たら忘れられない不思議なインパクトがあり、タオルやTシャツ、キーホルダーなどの関連グッズも多数展開されている。（お）

ラッコポーズ

〔rakko pose〕

水風呂で手のひらや足のつま先を水面から出すこと。劇的に冷たさが緩和されるので、水風呂が苦手な人は試してみては？（編）

ラドル

〔ladle〕

ロウリュをする際に使う柄杓のこと。フィンランド式サウナの定番グッズとして素材やデザインも様々で、北欧デザインのシンプルでお洒落なラドルのほか、遠くのストーブまで届く柄の長いものや、水がこぼれないように蓋が付いたものも。セルフロウリュ可能な施設を訪れた際は、ぜひラドルも愛でていただきたい。埼玉県・さいたま市〈おふろ café utatane〉の「サウナコタ」では、長槍のようなラドルで2階から1階のストーブにロウリュすることができる。（お）

→サウナコタ

ラブホサウナ

〔love hotel sauna〕

サウナ室が設置されているラブホテルのこと。東京都・町田市の〈HOTEL Love Fairy〉が特に有名。「サウナ行こう！」とサウナ女子を誘う不埒な輩も。サウナポータルサイト〈サウナイキタイ〉では、615件(2023年7月現在)が表示されている。(草)

ラヤポルティサウナ

〔Rajaportti sauna〕

世界サウナ首都であるフィンランド・タンペレ市のピスパラ地区に1906年に開業した、フィンランド現存最古の公衆サウナ。地元の人たちが大勢訪れ、男女共用の庭で外気浴しながら楽しそうにお喋りしている。現在サウナはタンペレ市が所有し、ピスパラ・サウナ協会が運営を担っている。カフェが併設されており、グッズなども購入することができる。サウナーなら、誰しも一度は訪れてみたい歴史的な施設。(草)

→世界サウナ首都

ランバージャック

〔lumberjack〕

アウフグースにおいて、上下にタオルを振って風を送る基本動作の一つ。その動きが元の意である「木こり」に似ていることから付けられた。(は)

ルーティン

〔routine〕

英語で「日課」や「慣例」、「決まった手順」や「お決まりの所作」などを意味する言葉。決まった行動を繰り返すこと。「ルーチン」とも。フランス語で「道」を意味する「route」を語源とし、特にスポーツ選手など、集中力を必要とする職種の人が行うことが多い。ルーティンを行っていると集中力を高める効果や気分を切り替える効果、日常の僅かな変化に気づきやすくなる効果があるといわれている。サウナにおいては主にサウナ→水風呂→外気浴という一連の流れを指すことが多い。また自分がサウナに訪れる頻度や入り方などを指す。ちなみに愛知県・名古屋市には〈ROUTINE(ルーチン)〉という名前の会員制メンズ個室サウナが存在する。(草)

るおばさうな

〔LUOVA SAUNA〕

総合エンジニアリング企業〈株式会社タマディック〉の名古屋オフィス最上階にあるサウナ。建築家・坂茂の設計で、日本初となる駐日フィンランド大使認定のオフィスサウナである。筋金入りのサウナーである社長・森實敏彦が、従業員のウェルビーイング向上を目的に設置。"LUOVA" はフィンランド語で「クリエイティブ」という意味で、「普段は根詰めて仕事をするエンジニアも、サウナに入って頭をスッキリさせ、良いアイデアが閃くように」という思いを込めた。その狙い通り、従業員同士のオープンでフラットなコミュニケーション、取引先との商談や打ち解けた交流にも活用され、社長自身がなかなか入れないくらい予約で埋まっているという。日本企業の健康経営に「サウナ」という新たな流れを生む先駆けとなるだろう。(お)

れいすいき

【冷水機】

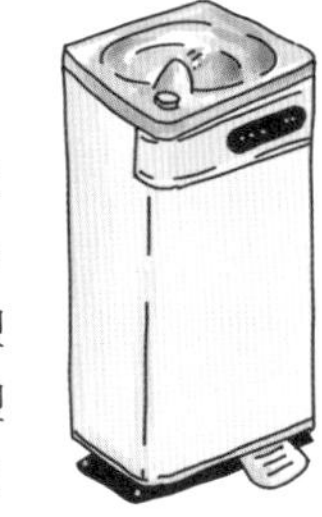

ウォータークーラーのこと。「給水機」とも。コップを必要とする卓上型と、必要としない床置型がある。温浴施設でよく見かけるのは床置型で、ボタンを押すかペダルを踏むことでキンキンに冷えた水が口元に発射されるという日本らしい機械。「うがい禁止」の張り紙も定番である。(大)

れいすいと しゃくねつのあいだ

『冷水と灼熱のあいだ』

「サウナ×女子高生」の青春漫画である(2021-2022、ヤングアニマル、白泉社)。高校入学後、人見知りな主人公・夢子が、クラスカーストの頂点で人気読モギャル・めぐみと、ひょんなことから「サウナ道部(さ道部)」に入部する。放課後にサウナへ直行。こんな部活があったら、青春も勉強も捗る(?)に違いないだろう。(中)

れいれいこうたいよく

【冷冷交代浴】

サウナ→水風呂の後、さらにぬる湯やプールにはしごする入浴方法のこと。特に「不感湯」と呼ばれる、体温に近い34〜37℃のぬる湯に浸かる冷冷交代浴は、サウナ→水風呂→外気浴と並ぶ新たなルーティンとして、サウナーの間で話題に。ゆっくりとクールダウンしながら、肌とお湯の境界線が消えて地球と一体化していくような独特の心地よさに加え、気温や天候に左右されない安定した環境でととのいが得られるメリットも。東京都・豊島区〈サウナ&ホテル かるまる池袋〉や中野区〈松本湯〉、埼玉県・所沢市〈ザ・ベッド&スパ 所沢〉など、温度の異なる複数の水風呂や不感湯、プールが設置されている施設で楽しむことができる。(お)

→プール

れじおねらきん

【レジオネラ菌】

レジオネラ症(肺炎)を引き起こす細菌。"Legionella"とは「在郷軍人」の意味で、1976年にアメリカ・フィラデルフィアの在郷軍人大会で、冷水塔に使用されていた水から集団感染が発生した。この事件により菌の存在が初めて認知され、その名前が付いている。夏場の噴水や開栓後のペットボトルドリンク、エアコンや加湿器のフィルターも、レジオネラ菌にとっては過ごしやすい環境で、身近な存在である。また、温浴施設のような温かく湿った環境を好む。微小の水滴から、呼吸を通して肺にまで侵入する。レジオネラ菌の弱点は、塩素消毒と人の免疫である。ただし、浴室のぬめりは、消毒から身を守るための最高の住処となる。感染症法では四類感染症にあたり、発生すると保健所の指導でしばらく営業停止する必要が出てくるので、温浴施設は日々の消毒や清掃を欠かさない。(中)

レディースデー

〔lady's day〕

男性専用のサウナ施設が定期的に行うイベント。サウナ女子が待ち望む一大イベントで、倍率が高い。(S)

ロウリュ

〔löyly〕

サウナストーンに水をかけ、蒸気を発生させることで、サウナ室内の体感温度を上げる行為。フィンランド語で、発音の悪さから、かつては「ロヨリ」「ラウルト」「リョウリュ」と表記がまちまちでさまざまな呼び方が存在していた。後に日本サウナ・スパ協会が「ロウリュ」に統一、以後定着して現在に至る。日本で初めてロウリュができるフィンランド式のサウナを誕生させたのは1966年の〈スカンジナビアクラブ〉(現在は廃業)。ちなみにフィンランドの首都ヘルシンキ市に〈Löyly(ロウリュ)〉というモダンなサウナ施設があり、サ旅におすすめ。(草)

→スカンジナビアクラブ

ろうりゅなげせんしゅけん

【ロウリュ投げ選手権】

「サウナ温め選手権」などと同時に、フィンランドのサウナ祭で行われるミニイベント。ストーブの上にある水槽を目がけて、2m先のベンチから柄杓に汲んだ水を投げ飛ばし、水槽に入った水量を競う。「ヴィヒタ投げ」まで行われることがあるというから、サウナ大国ならではのユニークな競技である。日本でも、2023年3月31日〜4月1日に東京都・神田で行われた路上イベント「なんだかんだ」にて、「ロウリュ投げ大会」が催された。(お)
→サウナ温め選手権

ローズテルマリウム

〔rose thermalium〕
兵庫県・神戸市〈神戸レディススパ〉のスチームサウナ。バラのエッセンシャルオイルを含んだスチームによるアロマミストで、肌や髪が優しく潤う。施設オリジナルのローズソルトも。バラ模様をあしらったタイルが上品な空間を演出する。(は)

ロープウェイ

〔ropeway〕
フィンランド・ラップランド地方に、有名なスキーリゾート〈ユッラススキーリゾート(Ylläs Ski Resort)〉がある。スキー場といえばロープウェイ、フィンランドといえばサウナ。このスキーリゾートでは、ロープウェイのゴンドラがサウナ室になっている「サウナゴンドラツアー」というサービスが提供されている。頂上には、ジャグジーやシャワーが設置されているサウナ施設があり、ラップランド地方の料理を味わえるレストランも。また、ユッラス地域は北極圏であり、運が良ければ夜のサウナでオーロラを鑑賞できる。(中)

ロッカー

〔locker〕
衣類や靴、鞄、清掃用具、スポーツ用品などを収めるための収納家具の一種。温浴施設では主に玄関や更衣室に設置され、衣類や靴、鞄などを収める。中に館内着のバッグやタオルが並べられている施設も。貴重品専用のロッカーもある。(草)

ロッカーキー

〔locker key〕
ロッカーに鍵をかけ、他人に開けられないようにするためのもの。バンドタイプが主流で、腕や手首に巻いて持ち歩く。サウナ室では、金属部分で火傷の恐れがあるので注意が必要。ポケット付きのサウナハットであれば、そこに鍵を収納することもできる。(S)
→キー・オ・メイト

ろっこうおろし

【六甲おろし】
兵庫県・神戸市〈神戸サウナ&スパ〉における外気浴スタイル。六甲山地から吹き下ろされる風のことで、サウナ後に浴びれば全身で自然の恵みを享受することができる。〈サウナリゾートオリエンタル神戸〉でも、サウナあがりに屋上に出れば六甲山や神戸港を一望できる。(は)

ワールドサウナフォーラム

〔World Sauna Forum〕

サウナ事業者のネットワークをまとめている非営利団体〈Sauna From Finland〉により、2017年から開催されている、いわゆる見本市のようなイベント。2022年には、16カ国のサウナ事業者がフィンランド・タンペレに集まった。一緒になってサウナへ入り、各国のサウナビジネスに関する様々な情報交換が行われたようだ。世界のサウナは、このようなイベントで触れ合うことで化学反応を起こし、進化していくのである。(中)

→国際サウナ会議

わたしがゆうしょうできたのは はーどとれーにんぐと さうなのおかげだ

【私が優勝できたのはハードトレーニングとサウナのおかげだ】

1920年、ベルギーで行われた〈アントワープオリンピック〉において、陸上競技男子マラソンで2度目となる金メダルを獲得した陸上選手ハンネス・コーレマイネンが、優勝インタビューで答えた言葉。初出は不明だが、どうやら発言したのは事実で原典はフィンランドのスポーツ誌『ウルヘイルレヘティ(suomen Urheilulehti)にあるようだ。創刊号(1898年3月)の編集長の言葉に「フィンランドのスポーツマンは『ウルヘイルレヘティ』のような雑誌がないことを長い間感じていた」とあることからも、フィンランド国民がいかに古くからスポーツを愛好していたかがわかるだろう。(草)

→コーレマイネン

わたしをさうなにつれてって

【私をサウナに連れてって】

サウナ女子が気になる男性とサウナでデートし、ととのった勢いで告白する、サウナ×恋愛リアリティ番組。2022年1月からシーズン1がテレビ東京で放送され、同年3月にはシーズン2がネット配信された。サウナで男女が距離を縮め、外気浴中の告白シーンでは感極まって涙する一幕も。ロケ地として、神奈川県·茅ヶ崎市〈8HOTEL CHIGASAKI〉など、水着混浴が可能なサウナ施設が多く登場。(お)

→サウナデート、着衣混浴

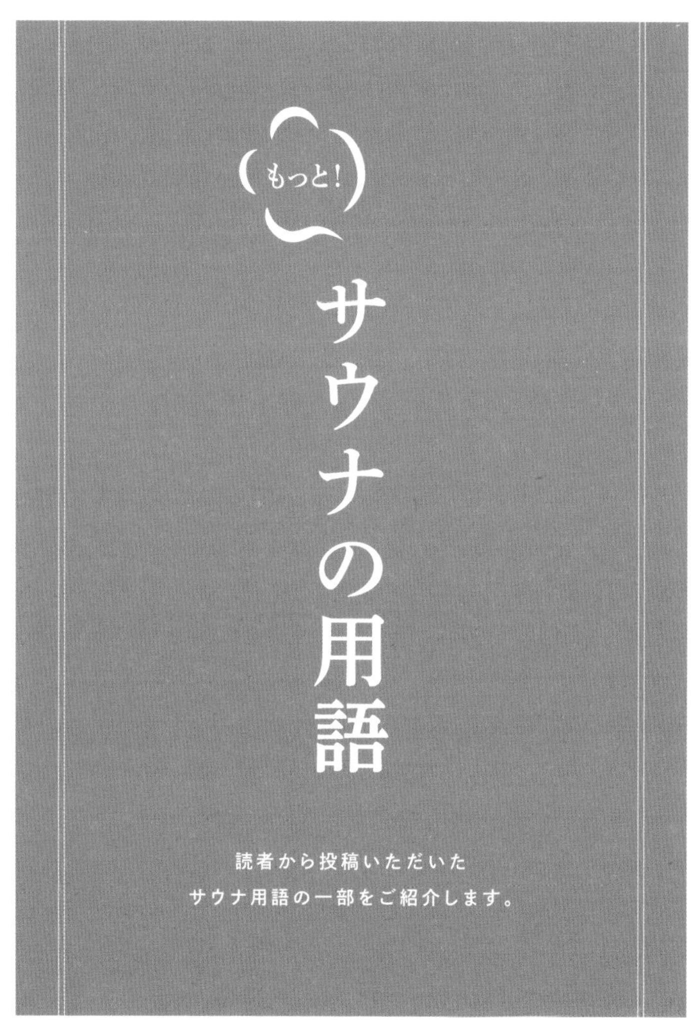
もっと!
サウナの用語
読者から投稿いただいた
サウナ用語の一部をご紹介します。

おおたしきさうな

【太田式サウナ】

東京都・大田区にある〈重の湯〉に設置されている、遠赤外線とスチームのハイブリッド式サウナ。温度は69.5℃、湿度は68.5%という設定。湿度を維持するため、ほぼ10分毎に蒸気が発生する。脱衣所に「太田式サウナ」の説明書きが張り出されている。(パネッパ)

おっしゃけ

【追っ鮭】

熱波師・鮭山未菜美のアウフグースイベントに足繁く通うこと。また、彼女のファンのこと。「追っかけ」と「鮭」をかけてこう呼ぶ。3施設以上でアウフグースを受けると「追っ鮭」認定とされている。(hayamin/きし/れん)

きゅうかんび

【休汗日】

サウナに入らない日のこと。(タカダミアンナッツ)

ゲリラごうう

【ゲリラ豪雨】

洗い場などで、周りのお客さんが使用しているシャワーが自分にかかってくること。(岩渕そべお)

げんちょう

【現調】

初めて訪問した施設で、お風呂やサウナ、水風呂の配置を最初に確認しておくこと。(タカダミアンナッツ)

サウべつかい

【サウ別会】

送別会を飲み屋でやるのでなく、サウナを貸し切って別れを惜しむこと。サウナ好き同士で汗を流しながら、じっくりと話し込むことができる。(小笠原 慎)

サきゅん

親指と人差し指でハートを作る「きゅん」に、中指を加えて三本指で行うポーズ。嬉しさや感謝の気持ちを伝える言葉としても用いられ、様々なシーンで活用できる。エレガント渡会が考案した。(エレガント渡会)

さざえ

〔SAZAE〕

香川県・香川郡の直島でグランピング型リゾート施設を展開する〈SANA MANE〉内に、宿泊者限定の貸切サウナとして2022年9月にオープンした施設の名前。栄螺(さざえ)のような外観もあり、サウナーが好きな「サ」のつく貝ということで名付けられた。設計は隈研吾建築都市設計事務所の隈太一が担当、サウナー専門ブランド〈TTNE〉が監修、照明デザイナーを〈建築照明計画株式会社(ALG)〉が担当している。従来のサウナ設計とは異なる、フラットな目線から作られた偉大かつ異形なサウナ設計といえる。(GOD)

サぼり

仕事をサボってサウナに入ること。(タカダミアンナッツ)

じょうだんごろし
【上段殺し】
サウナ室で、ほかの利用客が下段や中段に寄り掛かり、その上の席に座れないこと。(タカダミアンナッツ)

すいチャンス
【空いチャンス】
サウナや水風呂が空いている瞬間や時間帯のこと。また、それに伴う嬉しい気持ち。サウナ施設の中の人がSNS上で使用することも多い。対義語は「混みピンチ」。(くりかず)

ぜったいせいじゃく
【絶対静寂】
「おしゃべりしたら即退会」。東京都・港区などに会員制定額サウナを展開する〈オールドルーキーサウナ〉が掲げる標語。渋谷忠犬ハチ公口店には、「絶対静寂サウナ室」のほか、おしゃべり専用の「談話サウナ室」がある。(オールドルーキーサウナの店長)

せんすい
【潜水】
水風呂や湯船に頭まで浸かる行為。基本的には禁止だが、岐阜県・各務原市〈恵みの湯〉など、潜水を公認している施設もある。注意書きなどに何も記されていない場合は「禁止」と受け取るのがマナー。(Raft)

ななのじタオル
【7の字タオル】
1枚のタオルを7の字型に折り、胸と股間を同時に隠す技。弛緩しきって脚が開き、花園がご開帳しがちなととのいタイムに行う、淑女としてのささやかな配慮。(相沢あい)

ひやチル
【冷やチル】
「冷やしチルドレン」の略。プール付きのサウナ施設にて、プールで遊ばせて冷やしておいた子供を、サウナで温まった体で抱きしめる行為。「パパ、あったかーい」の一言に、身も心もととのう。(84ken)

ロンケロ
〔lonkero〕
ジンをグレープフルーツソーダで割った、フィンランドのサウナドリンク。ロングドリンク(時間をかけて飲むことに適したカクテル)の一種で、「フィンランドの酎ハイ」とも。1952年に開催された〈ヘルシンキオリンピック〉の際に観光客向けに発売されたのがきっかけで、その後国内で根強い人気を誇るようになったとされる。(公蒸員HAL)

はっしゅたぐサウナごじてん
【#サウナ語辞典】
サウナにまつわる用語をひたすら集めた『サウナ語辞典』、お楽しみいただけましたでしょうか。この本に掲載されたのは星の数ほどあるサウナ語のごく一部で、私たちの知らない言葉がまだまだあるはず。そして、言葉の意味自体も変化し続けることでしょう。Twitter(現・X)で「#サウナ語辞典」とハッシュタグを付けてツイートいただければ、著者や編集者が喜んで拾いに行きます。新たな辞典を編纂するその日まで、一緒に用語を採集いただけたら嬉しいです。(編)

引用参考文献

阿岸祐幸（編著）『温泉の百科事典』丸善出版
一般社団法人日本銭湯文化協会（編）町田忍・米山勇（監修）『銭湯検定公式テキスト①改訂版』草隆社
一般社団法人日本銭湯文化協会（編）早坂信哉（監修）『銭湯検定公式テキスト②』草隆社
INAXギャラリー企画委員会『いま、むかし・銭湯』INAX株式会社
ヴィム・ホフ、コエン・デ＝ヨング（著）小川彩子（訳）『ICEMAN：病気にならない体のつくりかた』サンマーク出版
植草甚一『JJ氏の男子専科』晶文社
エバ・コロソヴァ（著）大山幸希子（訳）『ウィスキングの基礎と実践』リトルモア
大谷武一『体育とスポーツの諸問題』目黒書店
岡部平太『世界の運動界』目黒書店
織田幹雄『織田幹雄日記から 陸上競技ヨーロッパ転戦記〈日本は強かった〉』非売品
織田幹雄『オリンピック物語 改訂版』朝日新聞社
織田幹雄『跳躍一路』日本政経公論社
桂川甫周著、亀井高孝校訂『北槎聞略：大黒屋光太夫ロシア漂流記』岩波文庫
加藤容崇『医者が教えるサウナの教科書』ダイヤモンド社
木村毅編『東京案内記』黄土社書店
草彅洋平『日本サウナ史』カンカンピーポー
公益社団法人日本サウナ・スパ協会『サウナ・スパプロフェッショナル公式テキスト』
五箇公貴『サイコーサウナ』文藝春秋
こばやしあやな『公衆サウナの国フィンランド』学芸出版社
Saunology『サウナの湿度の謎』
佐藤秀明・山中剛史・井上隆史著『決定版 三島由紀夫全集 第42巻 年譜・書誌』新潮社
式亭三馬『浮世風呂』角川文庫
大黒屋光太夫記念館『北の黒船 ラクスマン来航：光太夫帰国220周年（第8回特別展図録）』
竹内廣三郎『芬蘭のランニング』廣文堂
武田勝蔵『風呂と湯の話』塙書房
タナカカツキ『マンガ サ道〜マンガで読むサウナ道〜』講談社
ダフ・ハート・デイヴィス（著）岸本完司（訳）『ヒトラーへの聖火：ベルリン・オリンピック』東京書籍
デイヴィッド・クレイ・ラージ（著）高儀進（訳）『ベルリン・オリンピック1936：ナチの競技』白水社
中桐確太郎「風呂」『日本風俗史講座』雄山閣
中山産業株式会社『中山産業株式会社30周年の歩み』中山産業株式会社
中山眞喜男『サウナあれこれ』公益社団法人日本サウナ・スパ協会
中山眞喜男『サウナあれこれ2』公益社団法人日本サウナ・スパ協会
中山眞喜男『昭和・平成のサウナ史』公益社団法人日本サウナ・スパ協会
那須ゆかり「日本のスポーツ・サウナ史」『アサヒグラフ増刊』（1991年10月号）朝日新聞社
西村敏雄『随筆 北欧の話』日本再建協会
日本学生陸上競技連合（編）『欧洲陸上競技界行脚』三省堂
八尾師誠『銭湯へ行こう・イスラム編：お風呂のルーツを求めて』TOTO出版
広岡敬一『トルコロジー：トルコ風呂専門記者の報告』晩聲社
藤浪剛一『東西沐浴史話』人文書院
本田直之・松尾大『人生を変えるサウナ術』KADOKAWA
牧久『特務機関長 許斐氏利：風淅瀝として流水寒し』ウェッジ
マルティ・ユコラ（著）小高吉三郎（編）『フインランドの運動競技』文理書院
武藤章「あの木の小屋の乾き切つた空気の匂い！雪や湖水の冷さ！すべすべになつた身体の疲労感！サウナの後にアルコールの入つた時の解放感！」『近代建築』（1968年1月号）近代建築社
森田俊彦（編）『トラック：競争 スポーツ叢書』三省堂
吉田集而『風呂とエクスタシー：入浴の文化人類学』平凡社
リピンスカヤ，V. A（編）齋藤君子（訳）『風呂とペチカ：ロシアの民衆文化』群像社
「サウナ、その先の楽園へ。」『BRUTUS No.975』（2022年12月15日号）マガジンハウス
「サウナ・バス訪問記」『主婦と生活』（1967年8月号）主婦と生活社
「東京名所 東京温泉開場日」『りべらる』（1951年6月号）太虚堂書房

その他、多くのホームページを参照しました。

施設名索引

【あ】

【か】

【さ】

【た】

【な】

【は】

【ま】

【や】

【ら】

北海道・東北・北陸

関東

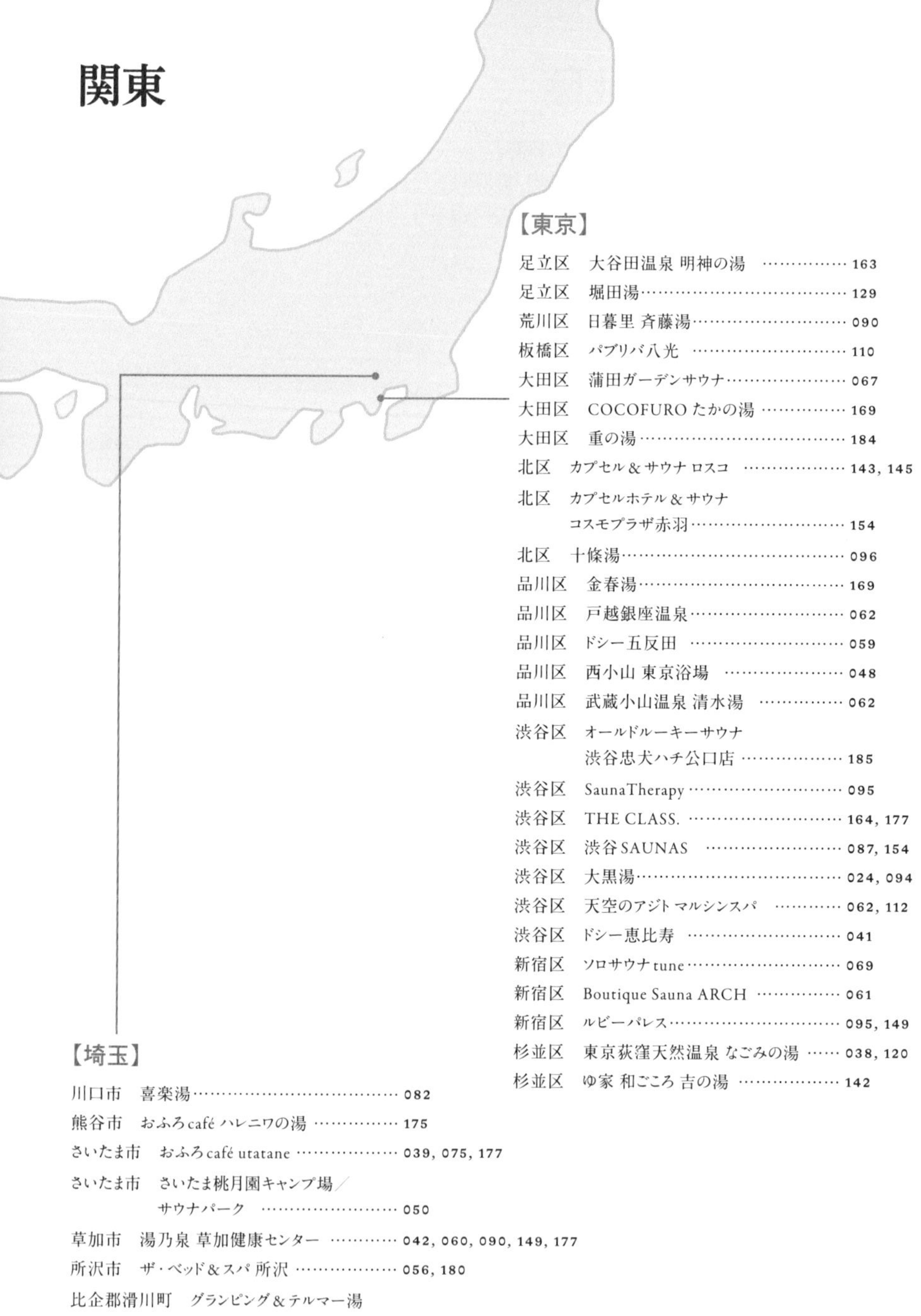

関東

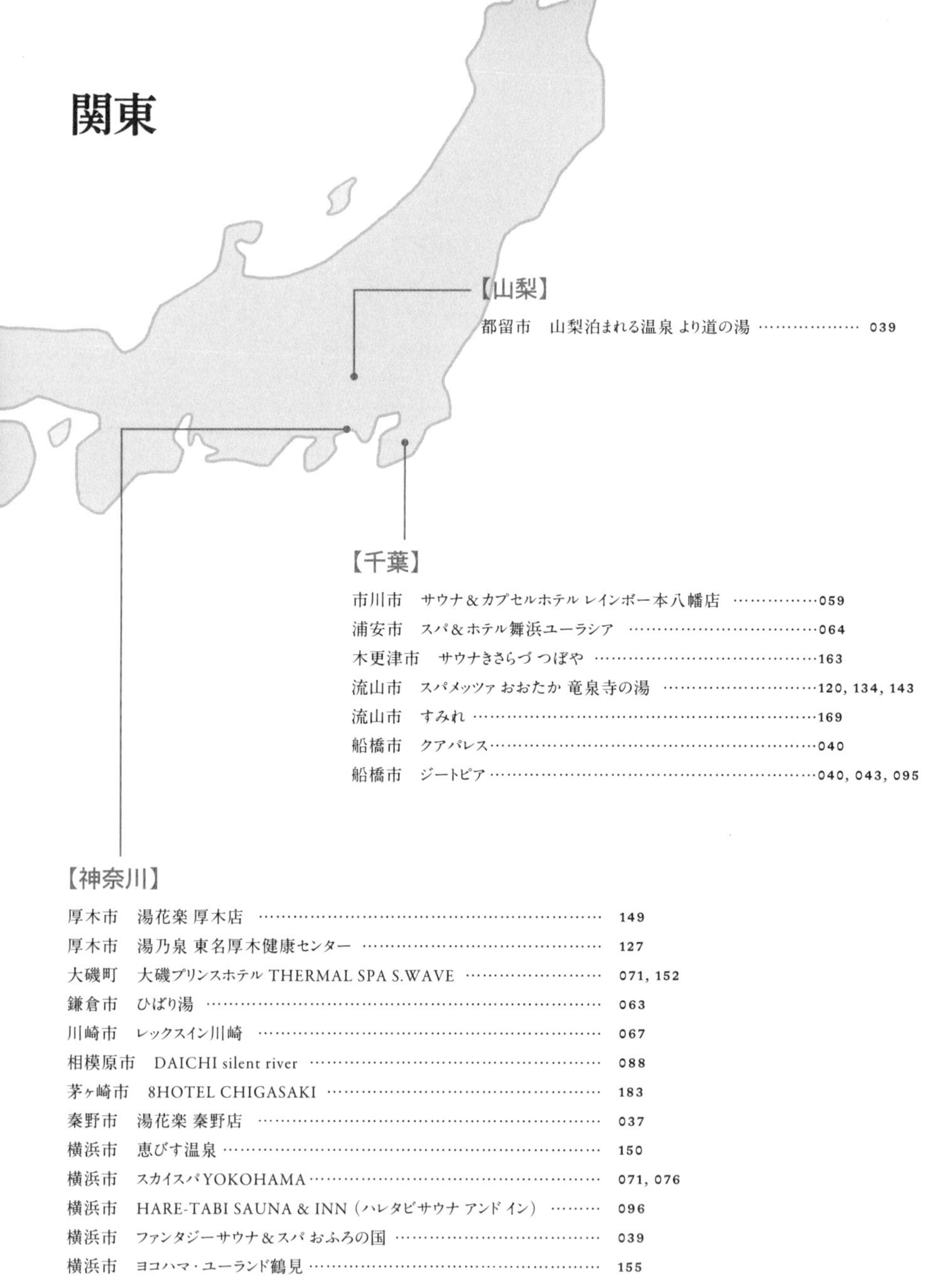

東海

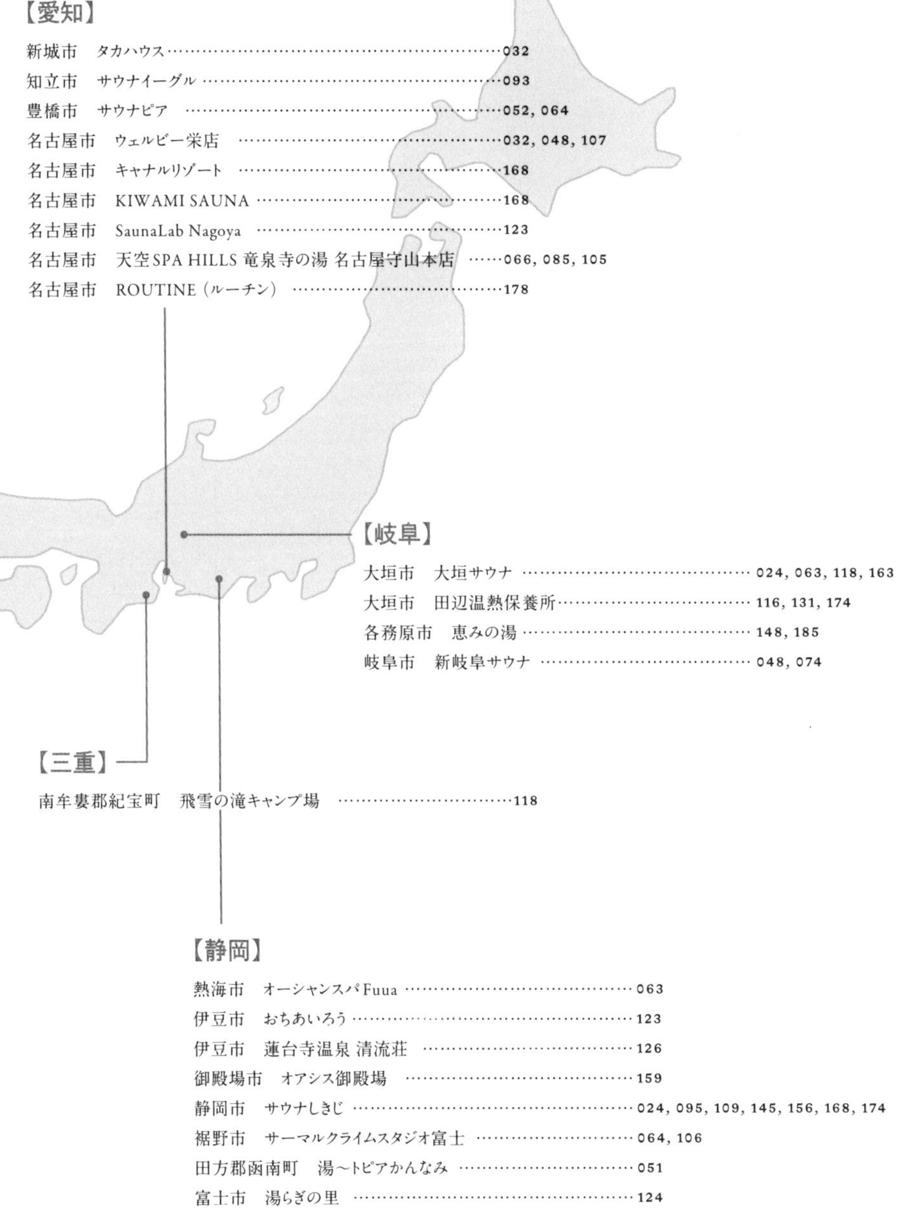

関西

【大阪】

【京都】

【兵庫】

【和歌山】

【滋賀】

中国・四国・九州

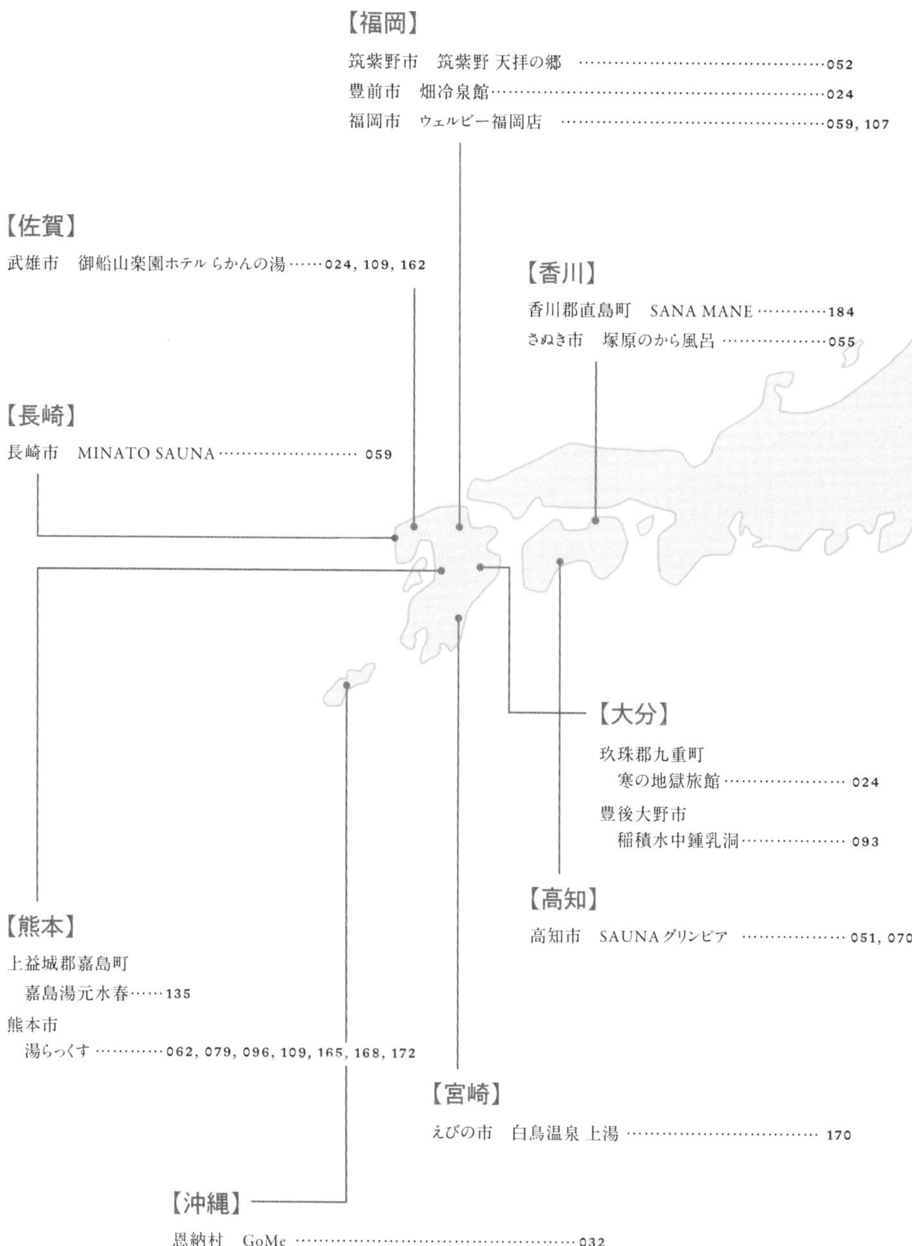

プロフィール

著者

草彅洋平 Yohei Kusanagi

編集者。サウナ研究家。CULTURE SAUNA TEAM "AMAMI"主催。温泉の著書に『作家と温泉』(河出書房新社)。サウナの著書に『日本サウナ史』(カンカンピーポー/第1回日本サウナ学会奨励賞・文化大賞受賞、Saunner of the Year 2021受賞) がある。

絵

浜竹睦子 Mutsuko Hamatake

福岡県生まれ、岡山県在住。美術館勤務を歴て、フリーランスのイラストレーターに。コロナ禍のひとり遊びでサウナに開眼。全国各地サウナでの体験をイラストで記録し、インスタグラム(@hamatakemutsuko)で公開。まだまだ知りたい初心者サウナー。好きなサ飯は餃子。サウナ・スパプロフェッショナル。

デザイン
吉良伊都子
Itsuko Kira

編集協力
青山波瑠香
Haruka Aoyama

編集
松下大樹
Daiki Matsushita

執筆協力

CULTURE SAUNA TEAM "AMAMI"

おつろう Otsuro （お）

サウナ・ゲーム・ラーメン二郎をこよなく愛する責任世代のパパ。サウナ施設巡りに飽き足らず、自宅の部屋にもテントサウナを設置。日々ロウリュを楽しみつつ、最近はテント内を仕事場にした住・サ融合生活を送っている。家族旅行では、いかにさりげなくサウナを忍ばせるかに全力を注ぎがち。

中野友二 Yuji Nakano （中）

走るモーニングサウナー。早朝、サウナへ走り行き、サッパリと一日を始めるスタイルで、サウナを愛でる。夢は、ゆる〜いマラソン大会を開催し、そこに給サウナ所を作ること。日常は、銭湯・富士登山・カレー・珈琲を愛好し、家族を大切に暮らす、極めてふつうの会社員。

はいぽ hȳpē （は）

サウナをモチベーションに施設までランニングで向かうランサウナー。DJの顔も持つが、ランニングとサウナに時間を奪われがち。DJ歴は10年、サウナ歴は3年、訪問施設数は400程度、好きなサウナエリアは川崎。

BSL-Shaun （S）

世界74ヶ国に訪問し各国のサウナを経験。ムーミン・教育・デザイン・サウナ・フィンランドに関することが大好きで、学生時代にフィンランド教育の研究をしていたことからサウナ界の門を叩いた。豊富な知識と経験を武器に、有名美容ブランドメーカーで勤務しながらアウフギーサーとしても活動している。

大塚雄輔 Yusuke Otsuka （大）

アパレルテクニカルディレクター。服とサウナとファンランが好きなアパレル会社員。出張先の福井県の飲み屋で草彅さんに出会い"AMAMI"メンバーとなる。高級スーツ生地のサウナハットも作成中。Maß Tailor's sauna https://tailorssauna.base.shop/

サウナカルチャーに文化系の風を送り込む—— CULTURE SAUNA TEAM "AMAMIは、一緒にサウナを勉強したいメンバーを募集しています。https://amami.skin/

医療監修：加藤容崇（日本サウナ学会代表理事）

取材協力：鮭山未菜美、ネバーニャ／根畑陽一

絵：浜竹睦子

デザイン：吉良伊都子

編集協力：青山波瑠香

編集：松下大樹（誠文堂新光社）

サウナにまつわる言葉をイラストと豆知識で
「ととのった〜！」と読み解く

サウナ語辞典

2023年9月9日　発　行　NDC673

著　　者　草彅洋平＋AMAMI
発 行 者　小川雄一
発 行 所　株式会社 誠文堂新光社
〒113-0033 東京都文京区本郷3-3-11
電話 03-5800-5780
https://www.seibundo-shinkosha.net/
印刷・製本　図書印刷 株式会社

ISBN978-4-416-52394-0